勝ち抜く
身体をつくる

球児メシ

PROLOGUE
はじめに

　わたしたちタイムリー編集部は、2009年より日本高等学校野球連盟に加盟する全国約4,000校の高校野球部に、球児のためのフリーマガジンを制作・配布しています。その歴史のなかでも、食事トレーニング（以後、食トレ）の必要性は年々高まりをみせています。

　子どもから大人へ。成長過程にある高校球児は、ひょんなことから才能を開花させ輝き始めることがあります。まるでパズルのピースがそろったように。そのパズルの1ピースに食トレは欠かせないと感じてきました。
　また逆に、将来有望な選手が、野球ひじや腰椎分離症などのケガにより長期的に戦線離脱するという不幸な場面に出くわしたとき、しっかりと食トレに取り組んでいればと心が痛むこともありました。
　頑張る球児を生かすも殺すも食トレ次第。高校野球における食トレの大切さ、自己流ではない正しい食トレのやり方をより多くの保護者に知ってもらいたいという想いから、この本はスタートしたのです。

　バックアップいただいたのは、20年もの間、高校球児への現場密着型の栄養指導を続けている株式会社コーケン・メディケアの皆さん。のべ1万人を超える球児の栄養分析データに基づいたレシピをご提供いただきました。

　食トレはメンタル面にも大きな変化を与えます。想像してみてください。ダイエットをして痩せたとき、うれしさとともに、やり遂げた自分自身に誇らしい気持ちが湧き上がるのではないでしょうか。それと同じことが食トレを通して球児たちに起きるのです。身体の変化は、日々の努力が実を結んだ最

もわかりやすい成果として、球児たちの自尊心を育てます。

　肉体改造が成功し始めると、球児たちのメンタルはさらに変化します。やらされているのではなく、自ら進んでやる食トレへ。そうなってくると、日頃当たり前のように食べてきた家の食事が、身体を育てるための「かけがえのない栄養」となり自分ごとになっていきます。そして、「自分のために朝早くからごはんをつくってくれてありがとう」と、感謝の気持ちを口にするようになります。そんなふうに、身体だけでなく、心も大きく成長した球児のエピソードをたくさん聞いてきました。

　本書では、"球児に必要な量"がパッと見てわかるように、料理の写真を実物大で表現しました（〜P96）。すべて1人分の分量です。また、献立づくりのヒントになる、各レシピの栄養による効果やオススメの時期、栄養素を盛り込みました。

　食トレは保護者にとってかなりの負担になります。球児に必要な食事の量は圧倒的ですし、毎日栄養バランスを配慮するのは大変なこと。でも、選手が2年生になる頃には次第に慣れていきますし、大変な時期は2年ちょっと。皆さん最後には「やってよかった」とおっしゃいます。この本に出てくるレシピを活用し、ぜひ頑張る球児の強い味方になってあげてください。

　本書が、最新の高校野球のニーズを満たした球児専用の食トレレシピとして、台所で戦う保護者の皆さまを応援できることを心から願っています。

Timely!　タイムリー編集部

CONTENTS
目次

02 はじめに

07 **CHAPTER1**
強い身体をつくる
球児メシの基本
08 食トレはなぜ必要なのか？
10 食トレを成功させる3つのコツ
12 アスリートのための栄養学
14 球児メシの基本
16 インシーズン1日の食事
18 オフシーズン1日の食事
20 試合日の食事
22 食トレコラム#1 球児100人に聞きました！
「食トレをやってよかったことは？」

23 **CHAPTER2**
パワーフード
24 カルシウムUPカレー
26 アスリート用ビビンバ
28 焼肉のちらし寿司
30 スーパージャージャー麺
32 さんまのカレーピラフ
34 かつおのピリ辛丼
36 チャーシュー丼
38 ガパオライス

40 全国高校食トレレポート 静岡高校［静岡県］
甲子園常連校の本格的な食トレとは？

44 食トレコラム#2 食トレ！ビフォーアフター
劇的に身体とプレーが変化！

45 **CHAPTER3**
主食のごはん
- 46 枝豆と明太子のまぜごはん
- 48 アジのちらし寿司
- 50 トウモロコシと枝豆ごはん
- 52 あさりと筍の炊き込みごはん

54 **全国高校食トレレポート** 富島高校［宮崎県］
急成長の富島"3L弁当"で全国へ！

58 食トレコラム#3 医師が語る、食トレの必要性
球児は栄養不足でケガをする

59 **CHAPTER4**
肉のおかず
- 60 照り焼きレバーハンバーグ
- 62 里芋ときのこのクリーミーコロッケ
- 64 チキン南蛮
- 66 ひじき入り鶏つくね
- 68 レバーと野菜のみそ炒め
- 70 鶏肉とさつま芋の甘酢あんかけ
- 72 豚キムチ餃子
- 74 牛肉とセロリのオイスターソース炒め

76 **全国高校食トレレポート** 日立第一高校［茨城県］
チームの絆を育てる土日の炊き出しに密着！

80 食トレコラム#4 ママのよくある悩みにお答えします①
苦手食材がある子、食が細い子はどうしたらいい？

81 **CHAPTER5**
魚のおかず
- 82 さばのカレー焼き
- 84 カジキのごまみそマヨネーズ焼き
- 86 鮭と長芋のグラタン
- 88 海鮮トマト鍋
- 90 さわらのムニエルと野菜のソテー
- 92 うなぎとごぼうの卵とじ
- 94 アジのエスカベシュ
- 96 いわしのピザ

98 **全国高校食トレレポート**
ぼくらの"アイデア補食"

100 食トレコラム#5 ママのよくある悩みにお答えします②
食トレをやっていて悩んでしまう あんなとき、こんなとき

101 **CHAPTER6**
5分でできる副菜
102 ブロッコリー
103 ブロッコリーと卵のサラダ／ブロッコリーのチーズ焼き
104 トマト
105 トマトのチーズ焼き／カプレーゼ
106 納豆
107 そぼろ納豆／納豆のかき揚げ
108 海藻
109 わかめとキウイのサラダ／海藻のおにぎり
110 卵
111 卵あん／巣ごもり卵
112 きのこ
113 きのこのマリネカレー風味／きのこの炒め煮
114 食トレコラム#6 ペロリ完食弁当づくりのコツ
　　球児がよろこぶお弁当
116 食トレコラム#7 理想的な弁当箱の選び方
　　食欲UP!するお弁当箱の4条件

117 **CHAPTER7**
汁物
118 具だくさんみそ汁
119 サンラータン
120 豆腐とキャベツの生姜レモンスープ
121 カキとほうれん草のチャウダー

122 おわりに

124 【索引】効果で選ぶ食トレレシピINDEX
126 【索引】シーズンで選ぶ食トレレシピINDEX

CHAPTER1
強い身体をつくる
球児メシの基本

高校球児には、なぜ食トレが必要なのでしょう？ 食トレにまつわる、根本的な疑問を解決するとともに、カンタンには成し遂げられない食トレ成功の秘訣を伝授します。また、球児に必要な食事量と欠かせない栄養をわかりやすく解説。さらに、「インシーズン」「オフシーズン」「試合日」と、シーズンやタイミングごとに異なる、食事のとり方や必要な栄養素をレクチャーします。まずは、球児メシの基本をマスターしていきましょう。

CHAPTER 1
強い身体をつくる球児メシの基本

食トレはなぜ必要なのか？

食トレなしで高校野球は勝ち上がれない！

　タイムリー編集部が2018年にドラフト候補になりえる、全国トップクラスの現役球児を対象に行ったアンケートによると、9割を超える球児が「食事トレーニング（食トレ）をしている」と回答しました。食トレは、日々の練習と同じように、高校野球を勝ち上がるために必須なトレーニングとして定着しつつあります。

　食トレが必要な理由は大きく2つあります。1つは、進化する高校野球シーンにおいて、身体を強く・大きくしていくことが勝ち上がるために欠かせない要素になっているから。投手が球威や球速を高め、打者が飛距離や打球の速さを求めるなかで、強くしなやかな筋肉は必須です。

　もう1つは、ケガを予防し、高校野球の頂上決戦である夏の甲子園を戦い抜くためのスタミナをつけるため。速やかに疲労回復できる、すみずみまで栄養が行き届いた筋肉や関節、疲労困憊のときも落ちない食欲、高い消化吸収能力を備えた内臓をつくる必要があるのです。

　事実、栄養不足により多くの球児がケガをし、人生で一度しかない高校野球人生を棒にふっています。高校野球の練習は中学野球とは比較にならないほど、ハードなものなのです。

食トレで高校野球人生が分かれ

食トレ推進校

いよいよ高校野球生活がスタート！　練習もそうだけど、寮では驚く量の食事が……。食べるのが大変だけど、うまくなるためだから頑張らなくちゃ！

4月

一般的な高校

いよいよ高校野球生活がスタート！　中学校のときとはレベルが違うけど、毎日が充実。レギュラーになれるように、猛練習しなくっちゃ！

一般の高校生と高校球児の1日に必要な栄養の比較

たんぱく質	一般の高校生 / 高校球児	筋肉づくりに必要なたんぱく質。球児には、豚もも肉なら300g、鮭の切り身2切れ、納豆3パックが必要。
炭水化物	一般の高校生 / 高校球児	戦い抜き・守り抜くためのスタミナを生む炭水化物。ごはん8杯（1500〜1800g）は1日でとりたい。
ビタミンA・B群他	一般の高校生 / 高校球児	疲労回復、スタミナ維持に効果的で、うなぎやレバーからも摂取可能。ほうれん草2束、トマト3個、にんじん1本分はとろう。
ビタミンC他	一般の高校生 / 高校球児	肩やひじ、腰などの関節を保護し、コンディションを整えてくれる。球児は果汁100%オレンジジュース3杯＋オレンジが必要。
カルシウム・ミネラル他	一般の高校生 / 高校球児	ケガ予防に効果的。乳製品や海藻・きのこに多く含まれる。牛乳に換算すると、1日1000mlは飲みたいところ。

倍以上の栄養が必要！ 一般の高校生と比べて、球児にはたんぱく質・炭水化物は2〜3倍、不足しがちなビタミン・ミネラルは3〜5倍も必要。

るかも！？

順調に体重アップ パワーがついてきた！

日々練習しながら、食トレも勉強＆実践！ 周りにもガッシリしてきたと言われるようになったし順調だ。

戦う準備バッチリ！ 注目の新レギュラー♪

夏を越えてさらにパワーアップ！ 練習の結果が出てうれしい。新チームでもメンバーに選ばれたぜ！

よしっ！ 今年も頑張るぞ!!

ひと冬越えてさらに自信アップ！ 身長が伸びて体重も増えたし、打球も見違えるほど飛ばせるようになった。別人みたいだ！ 春季大会もレギュラーで使ってもらえそう。まだ2年だけど、夏は中心選手になれるように頑張るぞ！

🚩 **6月頃** ／ 🚩 **10月頃** ／ 🚩 **2年春**

なかなか打球が飛ばず ひじにちょっと痛みが……

練習には慣れてきたけど、なかなかコツがつかめず悔しい！ ちょっぴりひじが痛いけど、ここは我慢だ！

まさかの投球禁止 練習もできず……

ひじが思いのほか重症……。3カ月ノースローでオフも練習ができないよ。試合、出たかったなぁ……。

こんなはずじゃなかった……

ひじも治って冬の練習には一生懸命取り組んだつもりだけど、球速があんまり伸びなくて悔しい。今度はひざが痛い気がする……。うまい新入生も入ってきちゃったから負けられない。もっと身体を追い込まなきゃ！

CHAPTER 1 強い身体をつくる球児メシの基本

食トレを成功させる
3つのコツ

ごはんの量を増やすだけでは失敗する!

いざ食トレをスタートしてみたものの、なかなかうまくいかないという人は多いでしょう。やみくもにごはんの量を増やすだけでは、すみずみまで栄養が行き渡った、強い身体はできません。

食トレを成功させるには、明確な目標を立て、スポーツ栄養学の知識に基づいたバランスのいい食事を必要十分な量食べる必要があります。ダイエットのように、生まれ持った体格を変えるには並々ならぬ努力が必要なのです。

そこで、食トレで結果を出してきた球児たちに成功の秘訣を取材してみると、3つのコツがあることがわかりました。

コツ1 自己流で"なんとなく"やらない

朝食

目玉焼きに納豆、みそ汁とごはん。牛乳とオレンジジュースも忘れずに。

昼食

お米の量もお肉の量も十分。しっかり食べられている気がするが……。

一般家庭の自己流食トレを栄養分析してみると……

補食

炭水化物をしっかりとるために、定番のおにぎりを2つ。

夕食

カレー・サラダ・ヨーグルト・わかめスープ。一般の感覚ではかなりの量。

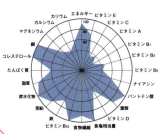
日本栄養分析センター調べ

上図は、食トレに励むある一般家庭の1日の食事(左)の分析表です。理想を100として表していますが、ビタミンやミネラルを中心に栄養が全く足りていないことが判明しました。保護者は食トレをしているつもりなのですが、実際は栄養が足りていないのです。

コツ2 数字で目標を立てる

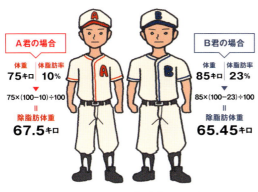

ポイントは除脂肪体重！
体重×(100−体脂肪率[%])÷100＝除脂肪体重(kg)

A君の場合
体重 75キロ　体脂肪率 10%
75×(100−10)÷100
＝
除脂肪体重 67.5キロ

B君の場合
体重 85キロ　体脂肪率 23%
85×(100−23)÷100
＝
除脂肪体重 65.45キロ

A君の体型のほうがGOOD!!

　野球選手としていいパフォーマンスを発揮するために理想的な体格の目安は『身長−100＝体重』となり、体脂肪率が8〜12%の状態です。
　ポイントとなるのは、除脂肪体重。左の図を見てください。身長が同じA君とB君。B君のほうが10kgほど重く、一見すると体格よく見えますが、実はA君のほうが筋肉量が多く、理想的なのです。
　ひと昔前は、大量の米をひたすら食べるように指導された時代もありましたが、糖質ばかりをとりすぎると肥満につながります。体重を増やすだけではダメ。栄養バランスのいい食事で体脂肪を意識しながら、質のいい筋肉を育てていく必要があります。

コツ3 チーム一丸となって取り組む

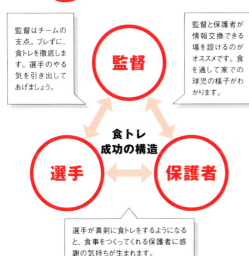

監督はチームの支点。ブレずに、食トレを徹底します。選手のやる気を引き出してあげましょう。

監督と保護者が情報交換できる場を設けるのがオススメです。食を通して家での球児の様子がわかります。

食トレ成功の構造
監督／選手／保護者

選手が真剣に食トレをするようになると、食事をつくってくれる保護者に感謝の気持ちが生まれます。

　食トレは毎日のことですから、いかにモチベーションをキープできるかが成功のカギです。そのためには、個人で行うよりも、チームで取り組んだほうがずっと張り合いが出るもの。食トレで効果を出している選手のほとんどが、チーム一丸となって取り組んでいました。
　欠かせないのが、監督・選手・保護者が三位一体となった構造。3者それぞれが情報を共有し合いながら一致団結して食トレに励むと、しっかりとした効果が出てきます。
　ポイントになるのは、保護者の協力体制です。負担は少なくありませんが、大変なのは2年ちょっと。球児の夢のために頑張りましょう！

CHAPTER1 強い身体をつくる球児メシの基本

アスリートのための
栄養学

栄養学の基本、5大栄養素を覚えておきましょう。5大栄養素には、①身体をつくる ②エネルギーとなる ③身体の調子を整えるという3つの大きな役割があります。それぞれが複雑にからみ合って消化吸収を高めているため、5つともバランスよくとることが大切です。

炭水化物（糖質）

CARBOHYDRATE ▶ 効果
持久力UP　集中力UP

ごはん、パン、麺類、イモ類など

身体を動かすスタミナ、エネルギーは炭水化物から生まれます。自動車のガソリンのような役割を担っていて、米、パン、麺類、イモ類など、いわゆる"主食"に含まれています。米には、ビタミンや食物繊維などいろいろな栄養が含まれているのでオススメ。食べすぎは肥満につながるので注意しましょう。

＋

一緒にとりたい食品

大豆製品、緑黄色野菜など

糖質をエネルギーに変換するのを助けてくれるのがビタミンB₁。豚肉や、大豆製品に多く含まれています。

たんぱく質

PROTEIN ▶ 効果
筋力UP　瞬発力UP

肉、卵、魚、大豆製品、乳製品など

走る・投げる・打つ・守るのに必要不可欠な筋肉は、たんぱく質からつくられます。たんぱく質は大きく分けて2つ。肉や魚、卵からとれる動物性たんぱく質と、大豆などからとれる植物性たんぱく質。それぞれ含まれるものが違うので、肉だけに偏らず、いろいろな食品から摂取することが大切です。

＋

一緒にとりたい食品

ピーマン、ブロッコリー、バナナなど

ピーマンやバナナ（ジュースも可）などに多く含まれるビタミンB₆と一緒にとると、効率よく筋肉がつくられます。

脂質 LIPID ▶ 効果
持久力UP

マヨネーズ、油、バター、マーガリンなど

脂質は肥満の原因になるため敬遠されがちですが、長時間の練習を行うアスリートにとっては、必要な栄養素。効率のいいエネルギー源になる脂溶性ビタミンの吸収を助けてくれます。油類や肉や魚、ナッツなどに含まれますが、食べすぎると体脂肪が増加するので気をつけましょう。

＋ 一緒にとりたい食品

レバー、魚など

脂質をエネルギーに変えるにはビタミンB₂が必要。レバーには鉄も含まれていて持久力がよりUPします。

ビタミン VITAMIN ▶ 効果
持久力UP **瞬発力UP** **筋力UP** **集中力UP**

緑黄色野菜、果物、うなぎ、レバーなど

身体の調子を整える栄養素は、緑黄色野菜や果物などに多く含まれるビタミン群です。パワーアップにばかり目を向けていると不足しがちになるので、意識してとるようにしましょう。「今日はビタミンがちょっと足りないな」と思うときは、果汁100％のオレンジジュースを飲むと手軽に補うことができます。

＋ 一緒にとりたい食品

ほうれん草、かぼちゃなど

ほうれん草は栄養価が高い食材です。肉などからはほとんどとれないビタミンKが摂取でき、骨強化に働きます。

ミネラル MINERAL ▶ 効果
持久力UP **瞬発力UP**

海藻、牛乳など

カルシウムやマグネシウム、鉄、亜鉛などのミネラルは人間の体内でつくりだすことができないため、食べ物で補うしかありません。筋肉や神経の働きを調整するだけでなく、炭水化物やたんぱく質、脂質などの代謝にも深く関わっていて、不足すると骨粗しょう症や貧血などの症状が現れます。

＋ 一緒にとりたい食品

柑橘類、キウイ、梅干、酢など

酸っぱさを感じさせる成分「クエン酸」が、カルシウム・鉄・亜鉛など、ミネラルの吸収を助けてくれます。

13

CHAPTER 1
強い身体をつくる球児メシの基本

球児メシの基本

球児メシの基本をわかりやすく表現すると、①ごはん ②肉の主菜 ③魚の主菜 ④汁物を含む4種類の副菜 ⑤乳製品 ⑥果物の組み合わせ。夜は肉と魚の両方をとりますが、朝はどちらかだけでOK。肉や魚、野菜を組み合わせたおかずやごはんの場合は、皿数にこだわらなくても大丈夫です。

- 米1.5～2.5合
- わかめのみそ汁
- まぐろ赤身の刺身
- ポークソテー（150g）
- 付け合わせ
  （大葉、大根おろし、ブロッコリー、にんじん、じゃがいも）
- トマトのサラダ
- 小松菜のおひたししらすかけ
- 温泉卵と納豆
- 牛乳（200ml）
- 果汁100%オレンジジュース（200ml）

悩んだら緑黄色野菜
アスリートにとって重要なのは、レタスやキャベツなどの淡色野菜よりも、カロテンやビタミン・ミネラルが豊富に含まれる緑黄色野菜。副菜には必ず緑黄色野菜を2品入れるようにしましょう。

納豆は副菜の定番に
5大栄養素がすべて含まれているうえに、ナットウキナーゼやイソフラボンなどその他の栄養も豊富。大豆製品のなかでも最も優秀です。温泉卵のほかにも、ごまや鰹節、漬物などいろんな食材を混ぜると栄養価がさらにUPします。

栄養バランスはみそ汁で調整
「今日の献立は栄養が足りないな」と思ったら、汁物で調整するのがオススメ。たんぱく質が足りないなら豆腐や卵、ビタミンが不足しているなら冷蔵庫の残り野菜をたっぷり入れます。海藻などの黒い食品も活用しましょう。

ごはんは1.5～2.5合
エネルギー源となる炭水化物は、選手それぞれに必要な1日の量を計算して3食＋補食に割り振って食べます。ただし、体重を減らしたい選手の場合、夕食の炭水化物は少なめにしたほうがいいので、その分、朝・昼に食べましょう。

基本のルール

1 炭水化物は全体のカロリーの6〜7割。必要な量をしっかり食べる。
体重を増やしたい場合　1日のごはんの量＝理想体重（身長－100）×30g
体重を維持したい場合　1日のごはんの量＝理想体重（身長－100）×25g

2 メインのおかずは、魚と肉をそれぞれ1品ずつとる

3 副菜は汁物を入れて4品はとる。大豆製品と海藻は入れるように

4 乳製品とフルーツは毎食必ずとる

5 茶・赤黄・黒・緑・白の5色を入れて栄養バランスを整える
茶（肉、魚など）、赤黄（トマト、にんじん、かぼちゃなど）、黒（海藻、ごま、小魚など）、緑（ほうれん草、ブロッコリーなど）、白（ごはんなど）の5色をそろえる

加工品を上手に利用して
料理に使う食材の種類を増やすと、自然と栄養バランスがよくなります。その際便利なのが、しらすや鰹節、ごまやのりなどの加工品。調理の手間もなく最後に軽く振りかけるだけ。保存がきく加工品を上手に利用しましょう。

乳製品は常にストック
ケガ予防やコンディショニングに必要不可欠な乳製品は外せない食品。毎食必ずとります。200mlの牛乳が基本量ですが、栄養が凝縮したチーズなら30gで済みます。腸内環境を整えたいときは、ヨーグルト180gもオススメ。

果物は毎食欠かさずとる
ひじや肩などの関節を保護してくれるためビタミンCは欠かせません。毎食、オレンジやキウイなら1つ、みかんなら2つ、いちごなら100gを食べましょう。果物が苦手な球児は果汁100％オレンジジュース（200ml）で代用してもOKです。

肉と魚、どちらも食べる
メインの料理が2つもあるの!?　と思うかもしれませんが、夕食時には肉と魚、どちらも食べるようにしましょう。1人分の基本量は100〜150gずつです。

CHAPTER1
強い身体をつくる球児メシの基本

インシーズン1日の食事

3月8日から11月末までは、高校野球のインシーズン。平日は練習、土日は試合と忙しく体力も消耗します。正念場は夏場。1年生は入部すぐに食トレを開始し、炎天下のグラウンドで行われる真夏の練習をやり抜くスタミナをつけましょう。

朝食 ポイントをおさえたカンタン朝食

- 米（1合強）
- 目玉焼き（卵2個）
- 付け合わせ（ミニトマト、ブロッコリー、レタス）
- 具だくさんみそ汁→レシピP118
- 納豆
- 牛乳（200ml）
- 果汁100%オレンジジュース（200ml）

POINT
- 卵2個でたんぱく質をしっかり補給！
- 具だくさんみそ汁なら朝から栄養をとりやすい
- 納豆、乳製品（牛乳）、ビタミン（果汁100%オレンジジュース）は欠かさずに！
- 運動を始める3時間前には食事を済ませること

これぞ基本の朝食

補食1 授業前や休み時間に

おにぎり（100g×2）

朝食のごはんの量を少なくしたぶん、朝練後や休み時間に炭水化物を補います。コンビニのおにぎりでもOKですが、ツナなどマヨネーズ系の具はNGです。

補食2 練習の前後に

バナナ　　おにぎり（100g）

2回目の補食は、練習前後。練習前なら運動の1〜2時間前、または運動直後に食べると疲労回復を早めることができます。消化吸収のいいバナナもオススメです。

昼食 キツい練習を乗り越えるスタミナをチャージ

- アスリート用ビビンバ（米1合強）→レシピP26
- おにぎり（米1合強）
- ミニトマト
- ほうれん草のチーズ焼き
- プレーンヨーグルト（180g）
- 果汁100％オレンジジュース（200ml）

POINT
- 暑い日はスパイシーな味付けで食欲UP！
- 食中毒を避けるため、卵はよく焼いたものをのせるか、市販の温泉卵を食べる直前に落とす
- ヨーグルトで乳製品をとると胃腸にやさしい
- おにぎりは補食として食べてもOK

夕食 疲労が一気に吹き飛ぶパワフルディナー

- カルシウムUPカレー（米1.5合）→レシピP24
- アジのエスカベシュ→レシピP94
- おくら納豆
- わかめ入り卵スープ
- プレーンヨーグルト（180g）
- オレンジ＆キウイ

パワーフードで元気をフルチャージ！

POINT
- パワーフードのカルシウムUPカレーなら、これだけで栄養が満遍なくとれる
- アジのエスカベシュは、魚料理＆酢漬けで疲労回復に効果抜群！
- おくら＆納豆のWネバネバで関節ケアもバッチリ

17

CHAPTER1
強い身体をつくる球児メシの基本

オフシーズン1日の食事

正式名称はアウトオブシーズン。12月1日から翌年3月7日までは試合ができないオフシーズンになります。この時期は筋トレと食トレを一緒に行い、身体を集中的に強化していくタイミング。春までにもうひと回り大きくなれるよう、筋力UPを狙いましょう。

朝食　余裕がある朝は栄養満点な和食スタイル

- 米（1合強）
- アジの開き
- 卵焼き（卵2個分）
- かぼちゃの煮付け
- しらすとごまとほうれん草のおひたし
- 納豆
- わかめのみそ汁
- オレンジといちご
- 牛乳（200ml）

POINT
- オフシーズンはたんぱく質重視！ 朝から焼魚でしっかり補給
- 旬の果物でビタミン摂取
- 茶／赤黄／黒／緑／白の5色がそろうように
- 時間がないときは、インシーズンの朝食（P16）に、ハムを加えたものでもOK!

補食1　授業前や休み時間に

おにぎらず

炭水化物とたんぱく質が同時に摂取できる焼肉入りおにぎらずは、オフシーズンに最適な補食。食べやすく球児にも好評なので、ぜひ取り入れてみてください。

補食2　練習の前後に

ロールパン

おにぎりに飽きてきたら、パンを補食にしてもOK。ただ、なかにバターなどが挟まっているものはNG。コンビニやスーパーでなるべくシンプルなものを選びます。

昼食 最強の筋力UP食材"鶏肉"を活用

- 鮭しらすごまごはん（2合）
- チキン南蛮→レシピP64
- ミニトマト
- ブロッコリーと卵のサラダ→レシピP103
- きんぴらごぼう
- きゅうりちくわ
- みかん（2個）
- 牛乳（200ml）

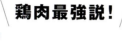

POINT
- 筋力UPを図りたいオフシーズンに最適な鶏肉
- タルタルソースで卵もとれるチキン南蛮は最強！
- 食中毒対策のため、タルタルソースは別容器に入れて持っていく
- 体脂肪が気になる球児は鶏むね肉がオススメ

夕食 多めのたんぱく質で肉体改造！

- 米（2合）
- レバーと野菜のみそ炒め→レシピP68
- カジキのごまみそマヨネーズ焼き→レシピP84
- カキとほうれん草のチャウダー→レシピP121
- 高野豆腐のポトフ風
  （ウインナー、にんじん、しめじ、卵）
- わかめとキウイのサラダ→レシピP109
- プレーンヨーグルト（180g）
- フルーツ（りんごとオレンジ）

POINT
- オフシーズンに身体を大きく・強くするため、筋トレと食トレは1セット
- 筋トレの効果を最大限高めるには、まずたんぱく質をしっかりとる
- 同時に、傷ついた筋繊維を修復してくれる、ビタミンやミネラルもしっかりとる

CHAPTER1
強い身体をつくる球児メシの基本

試合日の食事

試合日の食事は、いつもとちょっと異なります。万が一の食あたりを避けるために、試合前日の夜から生ものは控えるようにしましょう。また、試合前日の夜と試合当日の朝は、消化吸収を一番に考えて炭水化物を中心とした胃腸にやさしいメニューを選びます。

試合前日の夕食 　炭水化物を中心にエネルギー確保

- 米（1合強）
- なめたけのパスタ（100g）
- ひじき入り鶏つくね→レシピP66
- 付け合わせ（大根おろし）
- 豆腐サラダ（豆腐、ミニトマト、レタス）
- フルーツヨーグルト（ヨーグルト、バナナ、キウイ）
- 果汁100％オレンジジュース（200ml）

POINT
- 食中毒を避けるため、生肉・生魚は厳禁！
- 揚げ物も消化に悪いので控える
- 食物繊維をとりすぎると、お腹がゴロゴロするので注意が必要！

試合当日の朝食 　消化吸収のいいうどんを中心に

- おにぎり（100g×2個）
- うどん（うどん1玉、卵、にんじん、ほうれん草、かまぼこ）
- フルーツ（バナナ、いちご、オレンジ）
- プレーンヨーグルト（100g）
- 果汁100％オレンジジュース（200ml）

POINT
- 消化のよさ重視！
- 試合開始の3時間以上前に食べ終える
- うどんは、消化のいいたんぱく質（卵、かまぼこ）や温野菜もとれるので◎
- お腹がゴロゴロしないよう、乳製品はいつもより少なめでOK

身体にやさしいメニューです

土日に試合がある場合

月	火	水	木	金	土（試合）	日（試合）
普段の食事はバランスよく				試合前日は消化がよく体調を整える食事	試合当日に必要なのはエネルギー補給	

試合当日の昼食・補食

片手でつまめるお弁当

時間がないときに最適

- 小さめのおにぎりをいくつか
- 唐揚げ
- 卵焼き
- ブロッコリー
- フルーツ（いちご、オレンジ）
- ベビーチーズ
- 果汁100%オレンジジュース（200ml）

POINT
- 慌ただしい試合当日は食べやすさ重視！
- 午後に試合がある場合、試合3時間前におにぎり類、試合1時間前にフルーツ類をとるのがベスト
- 試合が午前中にある場合は、昼食は試合後に食べるため、シビアにならなくてOK

試合当日の夕食

不足した栄養を補う栄養満点メニュー

- 焼肉のちらし寿司（米1.5合）→レシピP28
- まぐろとイカの刺身
- サラダ（ブロッコリー、レタス、トマト、玉ねぎ）
- ひじきの煮物
- あさりのお吸い物
- プレーンヨーグルト（180g）
- フルーツ（グレープフルーツ、キウイ）

POINT
- 連戦に備えて、不足している栄養素を速やかに摂取し、体力を回復させる
- 控えていた生魚なども摂取OK
- 脂質のとりすぎには注意
- 食物繊維豊富な黒の食材（海藻など）も、このタイミングでとるようにする

食トレコラム #1

球児100人に聞きました！

「食トレをやってよかったことは？」

アンケートは、写真の静岡高校（静岡県）、富島高校（宮崎県）に加え、高陽東高校（広島県）、西武台千葉高校（千葉県）、栃木工業高校（栃木県）、長野高校（長野県）、福岡工業高校（福岡県）、藤井高校（香川県）、ふじみ野高校（埼玉県）、水沢高校（岩手県）で行ったものを集計しています。

　食トレは選手自身にどのような変化をもたらすのでしょう？　タイムリー編集部で球児たち100人に「食トレをやってよかったこと」を調査してみると、おもしろい結果が出てきました。TOP3の回答を見てみましょう。

　第3位は、17人の選手が回答した「ケガや病気をしなくなった」。栄養状態を整えることで、骨や筋肉、関節の状態もよくなりますし、免疫機能も高まります。食トレで、ちょっとやそっとの負荷には負けない丈夫な身体になるようです。「ケガをしても回復が早い」という声も聞かれました。

　第2位は、23人の選手が答えた「身体が大きくなった」「パワーアップした」という意見。食トレでは体重や体脂肪を記録していくことが多いため、具体的な数字の変化によって、選手たちは身体の変化を強く実感しているようでした。

　そして最も多かった回答は、「球速がアップした」「ホームランが打てるようになった」「打球のキレが増した」など、野球のプレーが上達したという意見。これが、48人と全体の約半数を占めています。食トレによって身体をつくることが、球児にとって最も重要な野球のスキルにしっかり貢献していることを証明する結果になりました。

　ちなみに、第4位には、「意識が変わった」「自信が持てた」という声も。食トレによる身体の変化は、球児が前向きに頑張るエネルギーになってくれているようです。

CHAPTER2
らくちん栄養満点ワンプレート
パワーフード

P14の「球児メシの基本」のように、毎日何品も用意するのはかなり大変。そんなとき、パワーフードが忙しいママの強い味方になってくれます。ごはん、肉や魚、野菜がひと皿に入っていて栄養抜群。あとはカンタン栄養分布を見て、足りない栄養素を補うだけでOKです。

※ 左ページの料理の写真は、1人分の材料でつくった該当メニューを実物大サイズで表示しています
※ カンタン栄養分布は、1食に必要な栄養の量を5目盛りに設定しています。5大栄養素すべてが5目盛りを満たすよう、献立を組みましょう
※ 該当メニューが「インシーズン」「オフシーズン」「試合日の夕食」のうち、どの時期に向いているのか表しています
※ 該当メニューの栄養面で期待できる効果を「持久力UP」「瞬発力UP」「筋力UP」「集中力UP」の4種類で表しています。効果の程度は3段階あり、「とても効果あり」は濃い色で、「やや効果あり」は薄い色、「効果が薄い」はグレーで表しています

パワーフード

カルシウムUPカレー

野菜のまろやかな旨味が口いっぱいに広がる、水を使わない本格カレー。
カルシウムがしっかり補給できるので牛乳が苦手な子にもオススメ。

インシーズン / オフシーズン / 試合日の夕食

 持久力UP　 瞬発力UP　 筋力UP　 集中力UP

1,310kcal

材料（1人分）

米	1.5合
鶏もも肉	100g
玉ねぎ	1/2個
トマト水煮缶詰	100g
プレーンヨーグルト	60g
牛乳	50ml
にんにく・生姜	各1/4片
バター	10g
カレールウ	1皿分
塩・こしょう	少々
ローリエ	1枚

つくり方

1. 鶏もも肉はひと口大に切って塩・こしょうし、プレーンヨーグルトに30分つけておく
2. 玉ねぎ、にんにく、生姜をみじん切りにする
3. 鍋でバターを熱して、にんにく、生姜、玉ねぎをしんなりするまで炒め、ヨーグルトごと鶏肉を加える。肉の表面に焼き色がついたら、トマト水煮缶を加え、木べらでトマトをつぶす。煮立ったらアクを取り、ローリエを入れて5分煮る
4. いったん火を止めてからカレールウを割り入れて溶かし、牛乳を加えて焦げないように弱火で10分煮込み、塩・こしょうで味を調える。皿にごはんを盛り、ルウをかける

※仕上げにガラムマサラを加えると、さらに美味！

カンタン栄養分布

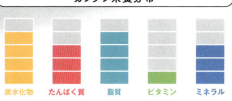

炭水化物 / たんぱく質 / 脂質 / ビタミン / ミネラル

組み合わせにどうぞ
ブロッコリーと卵のサラダ
➡P103

 乳製品のカルシウム吸収率は40％。
骨ごと食べられる魚（33％）や野菜（9％）より高い。

パワーフード

アスリート用ビビンバ

インシーズン / オフシーズン / 試合日の夕食

ピリ辛で食欲増進！ ビビンバは暑い日や疲れがたまった日にぴったり。
大量のごはんが進むように、タレはちょっと多めでもOK。

 持久力UP　 瞬発力UP　 筋力UP　 集中力UP

1,383kcal

材料（1人分）

米	1.5合
豚肩ロース肉	100g
にんじん	30g
豆もやし	20g
にら	20g
A	
コチュジャン	大さじ2
ごま油・砂糖・酒	各小さじ2
植物油	小さじ1
温泉卵	1個

つくり方

1. 豚肩ロース肉は細切り、にんじんは千切り、にらは4cmの長さに切る
2. ボウルにAを合わせて、豚肩ロース肉を入れて15分おく
3. フライパンに植物油を熱して、2の豚肉を炒める。野菜を加えて炒め合わせ、ボウルに残っている調味料を全部入れて味をからめる
4. 器にごはんを盛り、3と温泉卵をのせる

※生野菜（レタスやきゅうりなど）を入れても◯

カンタン栄養分布

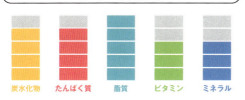

炭水化物 / たんぱく質 / 脂質 / ビタミン / ミネラル

 良質なたんぱく質を摂取するため、ビタミンB₁が多く疲労回復が期待できる豚肉がオススメ。

組み合わせにどうぞ
サンラータン ➡P119

27

パワーフード

焼肉のちらし寿司

肉好き男子のテンションをアップさせるスペシャルメニュー。
ハードな米1.5合も、酢飯だから意外とあっさり完食できるかも!?

インシーズン / オフシーズン / 試合日の夕食

 持久力UP　 瞬発力UP　 筋力UP　 集中力UP

1,610kcal

材料（1人分）

米	1.5合
すし酢	大さじ3
牛肩ロース肉	150g
焼肉のタレ	大さじ3
A	
卵	1と1/2個
砂糖	小さじ1と1/2
塩	少々
菜の花	1/2束
だしじょうゆ	少々
植物油	適量

つくり方

1. ごはんを炊き、すし酢を回しかける
2. ボウルに**A**を入れて溶きほぐし、植物油を熱したフライパンに薄く引いて焼き、錦糸卵をつくる
3. 菜の花をゆでて、冷水にとって冷ます。水気を絞って、3等分に切り、だし醤油であえる
4. フライパンに植物油を熱して牛肩ロース肉を炒め、焼肉のタレで味付けをする
5. **1**の酢飯に、**2**、**3**、**4**を彩りよく盛り付ける

カンタン栄養分布

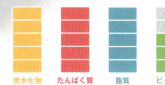

炭水化物　たんぱく質　脂質　ビタミン　ミネラル

組み合わせにどうぞ
わかめとキウイのサラダ
➡P109

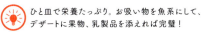
ひと皿で栄養たっぷり。お吸い物を魚系にして、デザートに果物、乳製品を添えれば完璧！

29

パワーフード

スーパージャージャー麺

市販のソースを使ってカンタンにできる野菜たっぷりジャージャー麺。
甘いみそだれが、ジューシーななすと麺にからんでペロリといけちゃう。

インシーズン / オフシーズン / 試合日の夕食

 持久力UP　 瞬発力UP　 筋力UP　 集中力UP

822kcal

材料（1人分）

中華麺	1玉
なす	2〜3本
ピーマン（赤・緑）	各1個
豚ひき肉	80g
麻婆なすの素（3〜4人前）	1/2袋
植物油	大さじ1と1/2

つくり方

1. なすはヘタを取り、食べやすい大きさに切って水にさらす。ピーマンはタネを取って5mm〜1cm幅に切る
2. フライパンに植物油を熱して**1**を炒め、なすがしんなりしたら取り出す
3. 同じフライパンで豚ひき肉を炒める。麻婆なすの素を加えて肉とからめ、**2**の野菜を戻し入れて炒め合わせる
4. 中華麺をゆでて冷水で洗い、よく水を切る
5. 皿に**4**を盛り、**3**をのせて出来上がり。お好みで白髪ねぎを散らす

カンタン栄養分布

炭水化物　たんぱく質　脂質　ビタミン　ミネラル

組み合わせにどうぞ
海藻のおにぎり
→P109

 なすには、カリウムや水分が多く含まれていて身体にこもった熱を逃してくれる。また油で炒めることでピーマンのビタミンAの吸収を助けてくれる。

31

パワーフード

さんまのカレーピラフ

定番カレー味で、魚が苦手な球児にも食べやすいテイストに。
栄養抜群なさんまを使った、お弁当にもオススメのピラフ。

インシーズン / オフシーズン / 試合日の夕食

持久力UP　瞬発力UP　筋力UP　集中力UP

1,668kcal

材料（1人分）

米	2合
A	
コンソメ	1個
酒	大さじ2
ケチャップ	大さじ2
カレー粉	大さじ2
玉ねぎ	1/2個
バター	13g
塩・こしょう	少々
さんま	1尾
ミニトマト	適量
オリーブ油	大さじ1/2
B	
カレー粉	小さじ1
小麦粉	小さじ1

つくり方

1. 米をとぎ、炊飯器に**A**とともに入れて2合の目盛りまで水を加える。さらに、みじん切りにした玉ねぎを加えて、米を炊く。炊き上がったら、バターを加えて混ぜ、塩・こしょうで味を調える

2. さんまは3枚におろして食べやすい大きさに切り、塩をふり、少しおいて水気を拭き取る。**B**を混ぜ合わせ、さんま全体にまぶす

3. フライパンにオリーブ油を熱して、**2**を入れ、中火でこんがりと両面を焼く

4. 皿に**1**のピラフを盛り、その上にさんまのソテーをのせ、ミニトマトなどを添える

カンタン栄養分布

炭水化物　たんぱく質　脂質　ビタミン　ミネラル

組み合わせにどうぞ
レバーと野菜のみそ炒め
→P68

 さんまには身体の調子を整える、ビタミンやミネラルが豊富に含まれている。EPAやDHAなどが多く含まれる良質な脂がとれるのも魅力。

パワーフード

インシーズン / オフシーズン / 試合日の夕食

かつおのピリ辛丼

5分でできるお手軽パワーフード。コチュジャンで和えたピリ辛のかつおと
シャキシャキ玉ねぎが、練習に負けない強い身体をつくってくれる。

 持久力UP　 瞬発力UP　 筋力UP　 集中力UP

1,056kcal

材料（1人分）

米	1.5合
かつおのたたき	100g
玉ねぎ	1/4個
みつば	1/4束
A	
コチュジャン	大さじ1
しょうゆ	小さじ1
砂糖	小さじ1
ごま油	小さじ1
おろしにんにく	1/2片
おろし生姜	1/2片
炒り白ごま	少々

つくり方

1 かつおのたたきを刺身状に切る。玉ねぎは薄くスライス、みつばは根元を落としてざく切りにする

2 ボウルに**A**を混ぜ合わせ、かつおをあえる

3 丼にごはんを盛り、玉ねぎ、かつおをのせて、炒り白ごまをふり、みつばを散らす

※生卵を落とすとさらに栄養バランスUP

カンタン栄養分布

炭水化物 / たんぱく質 / 脂質 / ビタミン / ミネラル

組み合わせにどうぞ
納豆のかき揚げ
➡P107

 赤血球の生成を助けるビタミンB12の含有量が魚肉No.1のかつお。鉄分も多く含まれているので貧血予防にも効果的。

35

パワーフード

チャーシュー丼

アスリートのためのチャーシューは、バラ肉ではなくロース肉を使うのがポイント。一度焼いてから煮込むことで、さらにヘルシーに食べられる。

インシーズン／オフシーズン／試合日の夕食

 持久力UP　 瞬発力UP　 筋力UP　 集中力UP

1,248kcal

材料（1人分）

米	1.5合
豚肩ロースブロック肉	150g
生姜	1/3片
長ねぎ	適量
A	
水	20ml
酒	20ml
しょうゆ	20ml
砂糖	小さじ1
みりん	小さじ1
塩・こしょう	少々

つくり方

1. 豚肩ロースブロック肉を厚めに切り、塩・こしょうをしてから、肉の両面に焼き色がつく程度に（火が通らなくてOK）フライパンで焼く
2. 生姜は皮をむいて薄切りにする
3. 鍋に、1、2、Aを入れて火にかけ、煮立ったら、蓋をして弱火で20〜30分、煮汁が半分になるまで煮詰める
4. 器にごはんを盛り、3の豚肉をのせて煮汁をかけ、長ねぎを白髪ねぎにしてのせる

カンタン栄養分布

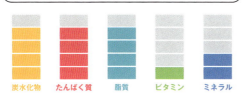

炭水化物／たんぱく質／脂質／ビタミン／ミネラル

組み合わせにどうぞ
ひじき入り鶏つくね
→P160

 豚肉には意外にもたくさんのビタミンとミネラルが含まれている。特に、疲労回復に効果的なビタミンB_1の含有量は抜群！

パワーフード

インシーズン / オフシーズン / 試合日の夕食

ガパオライス

超カンタンなのに食欲UP！ スパイシーでごはんが進むガパオライスは、冷蔵庫にある食材でサクっとできる、レパートリーに加えたいひと皿。

 持久力UP　 瞬発力UP　 筋力UP　 集中力UP

1,274kcal

材料（1人分）

米	1.5合
豚ひき肉	100g
玉ねぎ	1/2個
ピーマン	1/2個
パプリカ	1/4個
にんにく	1/2片
植物油	小さじ1
豆板醤	小さじ1/2
ドライバジル	少々
卵	1個

A

しょうゆ	大さじ1
オイスターソース	大さじ1/2
酒	大さじ1/2
みりん	大さじ1/2
砂糖	大さじ1/2
こしょう	少々

つくり方

1. 玉ねぎとにんにくはみじん切り、ピーマンとパプリカはタネを取って1cm角に切る。Aの調味料を合わせておく
2. フライパンに植物油を引き、にんにくと豆板醤を炒める。香りがしてきたら玉ねぎ、豚ひき肉の順番に入れて炒める。豚ひき肉に火が通ったら、ピーマンとパプリカを加えて炒め合わせる
3. Aを2に加えて混ぜ、汁気がなくなるまで炒める。ドライバジルを加えてひと混ぜして火を止める
4. 皿にごはんを盛り、その上に3と目玉焼きをのせる

カンタン栄養分布

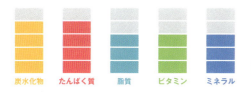

炭水化物　たんぱく質　脂質　ビタミン　ミネラル

組み合わせにどうぞ
豆腐とキャベツの生姜レモンスープ ➡P120

 ガパオライスは鶏ひき肉が使われることも多いが、球児には疲労回復効果の高い豚ひき肉がオススメ。

全国高校食トレレポート

静岡高校
[静岡県]

甲子園常連校の本格的な食トレとは?

県内有数の進学校でありながら、春夏通じて40回もの甲子園出場経験を持つ静岡高校。『心技体』が備わった人間育成のために監督が取り入れたのが本格的な食トレ。選手たちは高い目標を抱き、食トレで身につけた強い意志と体力で勉強に練習に勤しんでいます。

栗林俊輔 監督

1972年9月8日生まれ。静岡県磐田市出身。磐田南高から筑波大に進学。卒業後は清水南高に赴任し、磐田北高、浜松工高で監督を務めたのち、2008年に静岡高の監督に就任。10年間で春夏5回の甲子園出場を果たし、名門復活の礎を築く。

いつも甲子園を想定して意識の高い練習をする

「静高(しずこう)」の愛称で親しまれる、静岡県立静岡高校。県内有数の進学校でありながら、春夏を通じて40回もの甲子園出場実績があります。

「すべては甲子園基準です」と話すのは、チームを率いる栗林俊輔監督。ナインを何度も甲子園出場へと導き、名門復活の礎

40

> **学校DATA**　**所在地** 静岡県静岡市葵区長谷町66　**設立** 1878年
>
> 創立140年の伝統校で、県内トップクラスの進学校。文武両道を掲げ、野球部創部は1896年。全国高等学校野球選手権大会（夏の甲子園）出場は24回で、うち優勝1回、準優勝2回。選抜高等学校野球大会（春のセンバツ）出場は16回と、計40回の甲子園出場回数は、静岡県内最多を誇る。

を築きました。

とある日曜日の練習にお邪魔すると、グラウンドで盛んに声を出し、監督や部長の指示に従ってきびきびと動く選手たち。次々と練習メニューをこなしていきます。

「甲子園の環境は普段とまったく違います。いつものペースやリズムで動いていたら、本来の力を発揮できません。だから、時間的に制約のある甲子園タイムに合わせて、日頃から先に先にと動くようにしています」。

白米ばかり食べていてもダメ
選手それぞれに必要な食事をとる

栗林監督の信念のひとつが「勝負は準備で8割決まる」。食トレを始めたのもその一環でした。伝統校であるがゆえに、就任時、周囲の期待の高さを感じた監督。甲子園に出場して責任を果たそうと誓ったと同時に、仮に行けなくても次の世代の人たちに正しくバトンを渡せる指導をしようと決めたといいます。

「木は、根が張ることで幹が太くなって枝葉も茂るように、人間もしっかりとした土台づくりが大切です。『心技体』を磨くには、素直に指導を受ける心の準備をして、技術を高め、トレーニングで身体を強くする必要がある。そのベースづくりのひとつが『食事』です。最初は、ただ白米をたくさん食べて体重を増やそうとしていたのですが、一律に白米を食べてもいい成果は得られません。白米をいくら食べても筋肉はつくられないのです。そこで、各選手に最適な食事を指導できるよう、専門的な食トレを取り入れたことで、はっきりとした違いが現れるようになりました。ケガもしにくいし、風邪も引きにくくなりましたね」。

食トレで身体つきが歴然と変わる
手応えを感じると意識も変わる

静岡高校で取り組んでいる食トレは、選手それぞれの身長・体重・体脂肪から理想体重を算出し、それを実現するための食事や選手に合わせた栄養バランス強化食をとるというもの。食事は家庭や寮で用意することになりますが、選手自身が目標値

左／毎日の基礎的な練習の積み重ねと正しい食トレで、1年後には動きも身体つきも見違えるそう。右／2017年春、同部OBで元プロ野球選手の小田義人さんが外部コーチに就任。的確な指導により、チームの打撃力は向上しているという。

41

全国高校食トレレポート
静岡高校 [静岡県]

を認識し、1日にどれだけのごはん、主菜、副菜をとるべきかを理解して取り組んでいます。これを続けると、ひと冬越えて2年生になる頃には、身体つきが歴然と変わるそう。確かに、どの球児も身体が引き締まっていて、細すぎたり太すぎたりする選手は見当たりません。

「うちの選手は、自尊心が強い子が多い。『負けたくない』という気持ちがあって、うまくなったり強くなったりするためだったら、トレーニングでも食事でも前向きに取り組んでくれます。はじめは理屈で理解してやっているだけだと思うのですが、効果を感じてくると、自分の意志で行うようになる。そして身体ができてくると、自分に自信が生まれ、集中力がつき、疲れにくくなります。手応えを感じることで身体に対する意識が高まり、トレーニングに対する姿勢も変わっていきますね」。

勉強と練習を両立できるのも基礎体力が身につく食トレ効果

静岡県の公立高校には「学校裁量枠」という入試制度があり、野球やサッカー、音楽など、各学校独自の基準で実績を評価し、選抜が行われます。静岡高校の野球部員にはこの裁量枠で入学した生徒もいますが、入学後の授業はすべて一般生徒と同じで、一定レベル以上の学力を求められます。ハードな練習をこなしながらも、赤点による補習で練習に参加できないような球児はいないばかりか、2018年の卒業生のなかには国立大学の医学部への進学を果たした選手も。限られた時間のなかで、どうやって野球と勉強を両立させてい

グラウンド横に掲げられた静岡高校野球部の部則。「10項目のうちのひとつに『我々は目標を甲子園優勝とする』という一文がある。甲子園に行ったら、まずは1勝。次にベスト4。そして、最終目標はいつでも必ず優勝です」と栗林監督。

るのでしょうか？

「野球と勉強を並行する子もいるし、割り切って引退後に一生懸命勉強に励む子もいる。タイプによってそれぞれですね。ほかの生徒と比べて学校外で勉強する時間はそれほど多くないかもしれませんが、授業には集中しているようです。練習で疲れ切っていたらまともに授業が受けられませんし、食トレの効果はこういうところにも現れているのかもしれないですね」。

また、一般入試で入学をして野球部に入り、そこから努力を重ねてレギュラーを獲得した選手もいて、栗林監督は「力量次第」だと繰り返します。

「選手たちを石にたとえると、プロに行く子はやっぱりダイヤモンドかもしれない。

42

だけど、高校野球で甲子園に行って勝負したいなら、そうじゃなくても十分戦えます。うちのチームにもいろいろな素質を持つ子がいて、『中学のときに活躍して自分が金だと思っているかもしれないけれど、ほか人から見たら銅か鉄だぞ』とはっぱをかけて（笑）。要は正しいやり方と努力次第だと、僕は思います」。

重ねていきたいと思っています。もちろん、最終目標は『甲子園優勝』。個々の能力では1番ではないかもしれませんが、うちのチームなりの道の歩き方で甲子園優勝を狙いたいですね」。

環境を言い訳にしない
やり方次第でいくらでも勝負できる

公立だから。遺伝だから。すぐに結果が出ないと環境のせいにしたくなることもありますが、栗林監督は、やり方を工夫すればいくらでも勝負できると力強く断言します。

「いくら頑張っても、努力の仕方が間違っていたら成績にはつながりません。また、努力できる期間が短くなってしまうケガも避けたいところ。選手たちはみんな勝ちたくて頑張っているので、それを実現させるためにも一歩一歩、正しい取り組みを

お弁当CHECK！

アレルギー体質という藤田大和選手のお弁当は、教科書のお手本のような完成度。「食べるものはすべて母の手づくり。肉、魚、緑黄色野菜、イモ類、海藻が、毎食必ず全種類入っています」。

約1年半で14kgの体重増加に成功し、同学年で一番体重が増えたという草薙誠選手のお弁当。「太りにくい体質で、少しずつ食べる量を増やしました。平日はおにぎりにしてもらっています」。

バランスのよいおかずに、毎食野菜ジュースがつく黒岩陽介選手のお弁当。体重が増えにくく、白米は1日2kgを目安にしているそう。「お弁当のごはんは500gにしています」。

風が冷たい冬も、灼熱の太陽が降り注ぐ夏も、球児たちに熱い応援と美味しいごはんを届ける保護者の皆さん。

食トレ コラム #2

食トレ！ビフォーアフター

劇的に身体とプレーが変化！

「食べるスピードを上げると食事量が増えます」

長野高校（長野県）
宮澤太成選手

	入学時	3年時	変化
身長	175cm →	177cm	+2cm ↑
体重	65kg →	80kg	+15kg ↑
体脂肪率	13% →	10%	−3% ↓

体重を増やすため"米1日2400g"を食べ続けた宮澤選手。「入部当初は半分も食べられませんでしたが頑張りました」。

「1年で体重も球速も11キロアップしました」

藤井高校（香川県）
山上達貴選手

	入学時	2年時	変化
身長	168cm →	170cm	+2cm ↑
体重	54kg →	65kg	+11kg ↑
体脂肪率	6% →	10%	+4% ↑

食が細かった山上選手は、まず茶碗を大きなものに替えて食事の回数を増やしていった。苦手な野菜も克服したという。

「柵越えホームランが打てるようになりました」

高陽東高校（広島県）
寺地秀悟選手

	入学時	3年時	変化
身長	179cm →	182cm	+3cm ↑
体重	72kg →	83kg	+11kg ↑
体脂肪率	12% →	17%	+5% ↑

茶碗1杯のごはんを丼2杯へ。「食べきるまでは寝ない」と自分で決め、炭酸飲料やスナック菓子もやめた。

「ケガをまったくしなくなったのは食トレのおかげです」

新田高校（愛媛県）
黒川貴章選手

	入学時	2年時	変化
身長	178cm →	180cm	+2cm ↑
体重	65kg →	80kg	+15kg ↑
体脂肪率	14% →	17%	+3% ↑

黒川選手は「好物をたくさん食べるだけでなく、苦手なものを食べるようになってから身体が大きくなった」と振り返る。

食トレをすると、具体的にどのくらい身体が変わるのでしょう？ タイムリー編集部が全国を取材してきたなかで、熱心に食トレに励んでいた選手たちをピックアップ！ 野球部入部当時と取材時の体格の変化を比べてみました。

特筆すべきは、全員入部当初より10kg以上体重がアップしていること。それでいて、体脂肪率はアスリートとしての適正範囲内。長野高校の宮澤選手に限っては体脂肪率が減っているという驚きの変化がありました。

身長の伸びはいずれも2～3cmなので、かつては華奢な体型だったのが想像できます。ただ身体を大きくするのではなく、野球選手に必要なパワーとスタミナを備えた、質の高い身体をつくるために、選手たちは自分の体質にあった食トレを行うために創意工夫をしていました。

CHAPTER3
アスリートのスタミナ源
主食のごはん

ごはんだけ食べていればいいというのは間違いだけど、エネルギーがしっかりとれるうえ、たんぱく質もビタミンも含まれるごはんは、アスリートに欠かせない食材。いつも白米だと飽きてしまうから、ときには具入りのまぜごはんで、さらに栄養を補給しましょう。

※ 左ページの料理の写真は、1人分の材料でつくった該当メニューを実物大サイズで表示しています
※ カンタン栄養分布は、1食に必要な栄養の量を5目盛りに設定しています。5大栄養素すべてが5目盛りを満たすよう、献立を組みましょう
※ 該当メニューが「インシーズン」「オフシーズン」「試合日の夕食」のうちどの時期に向いているのか表しています
※ 該当メニューの栄養面で期待できる効果を「持久力UP」「瞬発力UP」「筋力UP」「集中力UP」の4種類で表しています。効果の程度は3段階あり、「とても効果あり」は濃い色で、「やや効果あり」は薄い色、「効果が薄い」はグレーで表しています

主食のごはん

枝豆と明太子の まぜごはん

ビタミンとミネラルがたっぷり、栄養満点のまぜごはん。
必要なエネルギーをしっかり補いながら、疲れた身体の調子を整えてくれる。

インシーズン / オフシーズン / 試合日の夕食

持久力UP　瞬発力UP　筋力UP　集中力UP

1,357kcal

材料（1人分）

米	2合
明太子	1と1/3腹（80g）
枝豆	200g（正味100g）
だし昆布	5cm
酒	大さじ2
塩	少々

つくり方

1. 米をといで炊飯器に入れ、だし昆布、酒、塩を加えて2合の目盛りまで水を入れる。30分間浸水させてから普通に炊く
2. 枝豆は塩少々（分量外）を加えた熱湯でゆで、さやから出す（冷凍品は解凍してさやから出しておく）
3. 明太子は焼き網やトースターで、表面を強火で焼いて7〜8mmの厚さに切る
4. ごはんが炊き上がったら、昆布を取り出して細切りにし、ごはんに2、3と一緒に加えてさっくりと混ぜる

カンタン栄養分布

炭水化物　たんぱく質　脂質　ビタミン　ミネラル

組み合わせにどうぞ
さわらのムニエルと野菜のソテー ➡P91

 9種類のビタミンと4種類のミネラルが含まれる優秀食材の明太子。
お弁当に入れるときはしっかり火を通すことを忘れずに。

主食のごはん

アジのちらし寿司

魚類トップクラスのカルシウム含有量を誇る"アジ"をちらし寿司に。
サッパリしていて食が進むので、食欲が落ちる夏場や疲れがたまった日にオススメ。

インシーズン / オフシーズン / 試合日の夕食

持久力UP　瞬発力UP　筋力UP　集中力UP

1,688kcal

材料（1人分）

米	2合
すし酢	大さじ4
アジの開き	中2枚
にんじん	1/3本
炒り白ごま	大さじ2
卵	2個
植物油	小さじ1
大葉	10枚
刻みのり	適量

つくり方

1. 米は炊く30分前にとぎ、ザルに上げて水気を切って硬めに炊く。すし酢を加えてよく混ぜ、手早く冷ます

2. にんじんは2cm長さの千切りにしてゆでておく。大葉も千切りにする。アジの開きは焼いて、身をほぐしておく

3. フライパンに植物油を熱し、溶いた卵を薄く引いて薄焼き卵をつくる。冷めたら丸めて細く切り、錦糸卵にする

4. 1の酢飯に、にんじん、アジ、炒り白ごまを加えて混ぜて皿に盛る。錦糸卵をのせ、大葉と刻みのりを散らす

カンタン栄養分布

炭水化物　たんぱく質　脂質　ビタミン　ミネラル

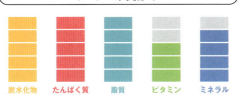

組み合わせにどうぞ
具だくさんみそ汁
→P118

アジの皮には細胞の成長や再生を促すビタミンB₂がたくさん含まれているので、皮も残さず一緒に食べたい。

49

主食のごはん

トウモロコシと枝豆ごはん

トウモロコシのやさしい甘さが口いっぱいに広がるカラフルな炊き込みごはん。
エネルギー源となる糖質をしっかり補給できるので長時間の練習も乗り切れる！

インシーズン／オフシーズン／試合日の夕食

 持久力UP   瞬発力UP   筋力UP   集中力UP

1,358kcal

材料（1人分）

米	2合
トウモロコシ	1本（缶詰なら正味120g）
酒	大さじ2
塩	小さじ1
枝豆	100g（正味50g）

つくり方

1. トウモロコシは生のまま身を包丁でこそげとる
2. 米は炊く30分前にとぎ、ザルに上げて水気を切っておく
3. 炊飯器に米と酒を入れ、2合の目盛りまで水を加える。塩を入れて軽く混ぜ、**1**を上にのせて普通に炊く。
4. 枝豆は塩少々（分量外）を加えた熱湯でゆでて、さやから出しておく
5. ごはんが炊けたら、**4**の枝豆を加えて混ぜる

※バター（10g）を加えても美味しい

カンタン栄養分布

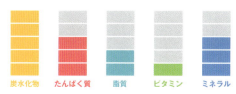

炭水化物　たんぱく質　脂質　ビタミン　ミネラル

組み合わせにどうぞ
ひじき入り鶏つくね
→P66

 野菜もたっぷりとれる主食のごはん。トウモロコシや枝豆にはたんぱく質も多いのでアスリートにはぴったり。

主食のごはん

あさりと筍の炊き込みごはん

筍の白い物質はチロシンというアミノ酸で、ごはんに含まれる糖質と相性抜群！
身体だけでなく脳にもエネルギーが行き渡るので、勉強にも効果があるかも！?

インシーズン／オフシーズン／試合日の夕食

持久力UP　瞬発力UP　筋力UP　集中力UP

1,312kcal

材料（1人分）

米	2合
あさり（殻つき）	300g
酒	50ml
筍水煮	100g
生姜	15g
A	
顆粒和風だし	小さじ2
しょうゆ	大さじ2
みりん	大さじ2
小ねぎまたはみつば	少々

つくり方

1 米は炊く15分前にといで、ザルに上げておく。筍水煮はひと口大の薄切り、生姜は皮をむいて千切りにする。あさりは砂抜きして、殻をこすり合わせるようにして洗っておく

2 鍋にあさりと酒を入れて火にかけ、蓋をして、口が開くまで蒸し煮にする。殻から身を外し、蒸し汁はとっておく

3 炊飯器に米を入れ、**2**の蒸し汁、**A**を入れ、2合の目盛りまで水を加えて軽く混ぜる。筍と生姜を上にのせて普通に炊く

4 炊き上がったらあさりの身を加えて2分蒸らし、さっくりと混ぜて皿に盛る。小ねぎやみつばを散らす

カンタン栄養分布

炭水化物　たんぱく質　脂質　ビタミン　ミネラル

 あさりと筍に含まれるミネラルやアミノ酸が疲れた身体をメンテナンスしてくれる。

組み合わせにどうぞ
鶏肉とさつま芋の甘酢あんかけ ➡P70

53

全国高校食トレレポート

富島高校
［宮崎県］

急成長の富島
"3L弁当"で全国へ！

ごく平凡な公立校だった富島高校。濱田登監督が就任して食トレを始めてから、選手たちの身体がみるみる大きくなり野球の成績も急上昇！　いまでは憧れの全国の舞台に手が届くほどになりました。チームを変えた食トレとは一体どのようなものなのでしょう？

濱田　登 監督

1967年生まれ。大学卒業後に都農高校に赴任。その後、母校の宮崎商業では2008年夏に甲子園へ導く。富島高校に赴任後は食トレ効果で順調に成績を上げる。2015年秋には創部初となる九州大会に出場。2017年秋は同大会準優勝を収めた。

ごく普通の公立高校野球部が
わずか4年で九州No.2に

「平兵衛酢（へべす）」という香酸かんきつの特産地、宮崎県日向市では、創立102年、創部70年という長い歴史を持つ富島高校野球部が食トレに励んでいます。

　2017年10月。地元宮崎県で行われた九州大会で、並みいる強豪校を倒して準優勝。野球部が発足してから初となる全

学校DATA	
所在地	宮崎県日向市鶴町3-1-43
設立	1916年

通称「とみこう」。農業学校を前身とし、現在は商業科や家庭科をベースとした「生活文化科」を有する。資格取得に力を入れており、卒業生の進学・就職率は100％。野球部は、1、2年生合わせて総勢32人。濱田監督が赴任以降、3度九州大会に出場している宮崎を代表する強豪校。

国の舞台がいよいよ見えてきました。

「勝ち抜くことができた理由のひとつに就任当初から始めた『食トレ』があります。九州大会では初戦の文徳戦以外は、相手に先制点を奪われる苦しい試合展開でした。そんななかで投手陣はしっかり粘ってくれた。この粘りを生んだのが食トレです。日頃からしっかり食べてスタミナをつけているので、試合終盤でもバテず、最後まで集中力が切れなかった。これが逆転劇を生んでくれました」と語るのは、富島高校を指揮する濱田登監督。ごく普通の公立校だった富島高校を九州の強豪チームに育て上げた手腕が高く評価されていますが、ここまでの道のりは楽ではありませんでした。

もっと強くなるために！
携帯電話＆買い食いを止めた

2013年に県内でも強豪校と名高い宮崎商業から富島高校の野球部監督に就任した濱田監督は、当初その差を痛感しました。毎年初戦敗退を繰り返していた富島ナインは技術だけではなく、身体つきも華奢で、野球に取り組む姿勢も中途半端だったのです。抜本的な改革が必要だと思った濱田監督は、本格的な食トレを実践しようと思いました。ところが……。

「資金のある強豪私学とは異なり、公立校では食トレの費用を各家庭で負担してもらわなくてはいけません。毎日の食事の質と量を上げ、必要な栄養バランス強化食をとったりするとなると、家庭の負担は少なくない。そこで、部員たちの毎月の携帯電話代と買い食い代を食トレの費用に回すのはどうかと提案したのです」。

この方針に、最初は疑心暗鬼だった保護者たちも同意。それどころか、選手が卒業する際には、「雑念に振り回されず野球に打ち込めた」「家族の会話が増えた」など、感謝の声が相次いだといいます。

以来、富島高校野球部ナインは携帯電話と買い食いが禁止。食トレのために行った監督の英断が、部員、保護者をひとつにして野球に邁進する土台をつくっていったようです。

取材当日は走塁練習が中心のメニュー。富島ナインはベースランニングやフィジカルトレーニングに黙々と励む。選抜大会を見据えたレギュラー争いは熾烈。グラウンドには緊張感が漂っている。

全国高校食トレレポート
富島高校 [宮崎県]

弁当箱は3Lの容器「それでもまだ足りない」

　取材当日、午前練習を終えた選手たちが持参したお弁当箱を見てびっくり！　どれも巨大な3Lの容器です。これは、富島高校野球部のルール。部員全員がこの量を食べなければいけません。蓋を開けると、2合はありそうなごはんと色とりどりのおかずが詰め込まれていますが、部員たちは勢いよく口に運び、あっという間に完食！　すごい迫力です。

　持つとズッシリと重さを感じるお弁当ですが、これ以外にも部員たちは補食のおにぎりなどを持って登校しているそう。学食はなく買い食いも禁止のため、週7日休みないお弁当＆補食づくり。保護者の皆さんのご苦労も並々ならぬものです。しかしながら濵田監督は「それでもまだ足りないんです」と苦い表情。

　「九州大会では私も、選手も、保護者の方々も、まだ食トレが足りないことに気づかされました。出場校のなかでうちが1番小さかったんです。もっと身体を大きくしなければ全国大会では通用しない。単純にお米の量を増やすだけではダメ、栄養バランスを意識した食事で鍛えていかなければいけないと思いました」。

　強豪校の選手たちの身体つきを見て、まだまだと感じた富島ナイン。食トレに力を入れても、上には上がいる現実。けれど、食トレは一朝一夕で成果が出るものではありません。地道な努力の積み重ねが、必ずよい結果に繋がることを富島ナインは経験しています。さらなる大舞台に向け、もうひと回り身体を大きくするためチーム一丸となって食トレに励んでいます。

監督、選手、保護者のキズナを強くする炊き出し

　濵田監督は月に1度、保護者と意見交換ができる機会をつくっています。そこでは、進路や勉強、普段の生活態度のことだけではなく、食事についても密なコミュニケーションを取っているそう。

　「保護者の皆さんが一番大変だと思います。毎日たくさんのごはんをつくらないといけませんから。それなのに頑張って続けてくださるのは、食トレの効果と必要性を感じてくださっているからだと思いま

左／目標体重に近づいているかこまめに測定。少しの変化でも食トレへのモチベーションに繋がる。
右／みんなで談笑しながらの昼食タイム。巨大な3Lの容器に入ったお弁当をペロッと完食。圧巻のスピード。

す。九州大会前には、家庭の味から離れている寮生のために、保護者会が炊き出しでカレーライスとサラダをつくってくれました。同じ釜の飯を食べるのはいいものですね。部員同士の結びつきが強くなりますし、ほかの部員の食べっぷりを見て『あいつはすごい食べてるな、オレももっと食べなきゃ』と触発された子もいたようです」。

炊き出しは今後も継続して行われるそう。保護者の皆さんの団結力が強いのも富島高校の強みです。監督、選手、保護者が三位一体となり、全国でも負けない身体づくりに励んでいます。

"食の知識"を身につけることが今後の人生に生かされる

富島高校は、商業科や生活文化科などがある実業高校。卒業後の進路は、大学で野球をする子、就職で県外に行く子もいます。なかには、親元を離れてひとり暮らしする子もいるでしょう。自立の時期が間近に迫っている球児に対して、濱田監督はきちんとした食の知識を身につけて欲しいと願っています。

「高校3年間しっかり食トレをすると自然と栄養の基本的な知識が身につき、食事そのものに興味を持つようになります。こういう知識や経験が、今後の人生で健康管理をするうえで役立つのではないでしょうか。毎日コンビニのお弁当ではどうしても栄養が偏ってしまいます。栄養が偏れば元気もやる気も出てきません。高校を卒業したあとに始まる、生徒ひとりひとりの人生を豊かにするためにも、食トレで得た知識を生かしてもらいたいですね」。

食トレを通して得た知識や経験が、高校野球を勝ち抜くためだけではなく、豊かな人生にも役立ちます。もちろん、病気やケガに負けない強い身体そのものも、かけがえのない財産になるでしょう。

お弁当CHECK!

サラダ、肉、フルーツが入ったバランスのよいお弁当。えのきとピーマンの肉巻きは手軽にたくさんの栄養をとることができる。お母さんのアイデアと手間が感じられる。

ブロッコリー、かぼちゃ、トマトなどの緑黄色野菜からはビタミンやミネラルを多くとることができる。おかずの品数も豊富なうえ、果汁100％のジュースもついている栄養満点なお弁当。

肉、魚、卵、大豆がおかずに含まれているたんぱく質たっぷりなお弁当。栄養が偏らないように鉄分豊富なほうれん草、ビタミンがとれるミニトマトなどの野菜もしっかりと入っている。

食トレコラム #3

医師が語る、食トレの必要性

球児は栄養不足でケガをする

スポーツをするうえで、ケガのリスクは避けられません。練習量がほかの部活動より多い野球部ではなおのこと。予防やケアには何が必要なのでしょうか？ 自身も野球経験を持ち、在阪球団の専属医師として多くのプロ野球選手や高校球児を診ているスポーツリハビリのエキスパート、整形外科医の廣岡医師にお話を聞きました。

ケガは大きく「外傷」と「障害」に分けられます。「外傷」はプレー中の転倒や衝突など、外的要因によるものなので基本的に予防は難しい。片や「障害」はオーバーワークによるものです。一般的に、野球は肩とひじにオーバーワークによる障害が起きやすくなりますが、これは予防することができます。必要なのは、速やかな疲労回復。しっかり栄養を摂取して、しっかり休むことが何よりも大切です。高校球児は毎日のように練習があるので、この点は特に気をつけなければなりません。

筋肉に栄養を与えるのはたんぱく質です。具体的にいうと、体重1kgあたり1日2gのたんぱく質が必要で、これが不足すると疲労が回復しません。体重75kgだと150g。「たった150g？」と思うでしょうが、実は肉や魚に含まれるたんぱく質は全体量の20%程度なのです。つまり、この場合だと750gの肉や魚をとらなければいけない。また、たんぱく質の吸収率を上げるためにはビタミンB系の野菜が必要不可欠です。野菜が苦手で、たくさんとることが難しいならば、サプリメントに頼ることもひとつの手です。

こんな例があります。昔、ソフトボールが強い病院のチームがあったんですが、合宿になるとケガ人が続出するんですよ。なぜか？ 合宿中の食事が病院食だったらしいのです。病人のための療養食が、スポーツをする人に足りるわけがありません。ケガをするのは当然の結果です。この例からもよくわかるように、栄養不足はケガに直結します。

わたしは高校の野球部に栄養指導にも行きますし、病院にも高校球児の患者さんが多く来られますが、身体の小ささが目につきます。プロ野球選手以上にハードな練習をしているのに、球児たちの華奢な身体を見ると「そりゃあ壊れるな」と思いますよ。おそらく努力はしているのでしょうが、全然足りていない場合が大半です。練習量を考えると1日10,000kcalを目指して欲しいですが、実際はよくて5,000kcalほどではないでしょうか。

栄養に関する知識がないことも気になります。肉離れなどで病院に来る球児や保護者に「ちゃんと食事や栄養を気にしている？」と聞くと、3大栄養素すら知らないなんてこともよくあります。どのような食べ物からどのような栄養をとるべきか、いつとるべきか。栄養について学ぶ必要があります。

一度ケガをしてしまうと、どんなに才能があっても高校野球人生を棒に振ってしまうことにもなりかねません。ケガを予防するために、球児も保護者も一丸となって食トレに取り組んで欲しいと強く願っています。

廣岡 淳先生

医療法人誠真会関目病院整形外科医。アスリートの立場に立った治療方針と高度な手術技術を持ち、幅広い競技のプロスポーツ選手から熱烈に支持されているスポーツドクター。高校野球への造詣も深く、甲子園出場投手の肩ひじ機能検査を提唱し採用されるなど、広く球児のケガ予防活動を行っている。

CHAPTER4
みんな大好き！肉のおかず

満足感があって、腹ペコ球児に大人気な肉のおかず。食べるとパワーがみなぎります。鶏肉は筋力UPに、豚肉は疲労回復に、牛肉は貧血予防に効果的。ごはんのお供にも最適なので、脂質のとりすぎに注意しながら、毎日しっかりお肉を食べましょう。

※ 左ページの料理の写真は、1人分の材料でつくった該当メニューを実物大サイズで表示しています
※ カンタン栄養分布は、1食に必要な栄養の量を5目盛りに設定しています。5大栄養素すべてが5目盛りを満たすよう、献立を組みましょう
※ 該当メニューが「インシーズン」「オフシーズン」「試合日の夕食」のうちどの時期に向いているのか表しています
※ 該当メニューの栄養面で期待できる効果を「持久力UP」「瞬発力UP」「筋力UP」「集中力UP」の4種類で表しています。効果の程度は3段階あり、「とても効果あり」は濃い色で、「やや効果あり」は薄い色、「効果が薄い」はグレーで表してい18ます

肉のおかず

照り焼き
レバーハンバーグ

必須アミノ酸をバランスよく含む、アスリートに欠かせない栄養食材レバー。
ハンバーグに混ぜれば、レバーが苦手な人も食べやすいコクのある味わいに。

インシーズン / オフシーズン / 試合日の夕食

持久力UP　瞬発力UP　筋力UP　集中力UP

388kcal

材料（1人分）

牛ひき肉	70g
レバー	30g
玉ねぎ	1/4個
卵	1/4個
パン粉	大さじ1
牛乳	少々
ナツメグ	少々
植物油	小さじ1
A	
酒	大さじ1
しょうゆ	大さじ1
みりん	大さじ1
砂糖	大さじ1/2

つくり方

1. レバーは流水でよく洗ってからサッとゆで、冷めたら粗みじんに切る。玉ねぎはみじん切りにする
2. ボウルに**1**と牛ひき肉、卵、パン粉、牛乳、ナツメグを入れて、よく練り合わせて小判形にし、中央を少しくぼませる
3. フライパンに植物油を引いて中火で熱し、**2**を入れ、焼き色がついたら裏返す。両面に焼き色がついたら、弱火にし、蓋をして7〜8分ほど蒸し焼きにする
4. ボウルに**A**の調味料を合わせておく
5. ハンバーグを取り出し、フライパンのなかの余分な脂を拭き取ってから、**4**を加えてひと煮立ちさせ、ハンバーグを戻して全体にからめる

カンタン栄養分布

炭水化物　たんぱく質　脂質　ビタミン　ミネラル

組み合わせにどうぞ
巣ごもり卵
→P111

 レバーはビタミンも豊富。抗酸化作用に優れたビタミンA、細胞の再生を促すビタミンB₂をたっぷり含み、身体を整える。

肉のおかず

里芋ときのこの
クリーミーコロッケ

里芋のクリーミーな食感が効いた、食べ応え十分のヘルシーコロッケ。
崩れやすいので、卵をつけず、天ぷら粉とパン粉で揚げるのがオススメ。

インシーズン / オフシーズン / 試合日の夕食

持久力UP　瞬発力UP　筋力UP　集中力UP

634kcal

材料（1人分）

里芋	大2個
合びき肉	40g
玉ねぎ	1/8個
きのこ（しいたけ・舞茸など）	20g
キャベツ	50g
天ぷら粉	適量
パン粉	適量
揚げ油	適量
塩・こしょう	少々

つくり方

1. 里芋は、皮付きのまま蒸す（またはゆでる）。皮をむいて、マッシャーでつぶす
2. 玉ねぎ、きのこをみじん切りにして、合びき肉とともに炒め、塩・こしょうする
3. **1**の里芋に**2**を加えて混ぜ合わせ、3等分にして形を整える
4. 水溶き天ぷら粉、パン粉の順に衣をつけて、180度の油でカラリと揚げる
5. 千切りにしたキャベツをコロッケに添える

※衣につける前の里芋に、チーズを加えても美味!!

カンタン栄養分布

炭水化物　たんぱく質　脂質　ビタミン　ミネラル

組み合わせにどうぞ
そぼろ納豆
➡P107

 里芋のネバネバはガラクタンとムチンという成分。ガラクタンは腸内環境を改善し、ムチンはたんぱく質の消化吸収を助ける。

肉のおかず

チキン南蛮

筋肉をつくる効果がある鶏肉料理はオフシーズンにぴったりのメニュー。なかでも、タルタルソースのかかったチキン南蛮は最強のマッスルフード。

インシーズン / オフシーズン / 試合日の夕食

 持久力UP　 瞬発力UP　 筋力UP　 集中力UP

697 kcal

材料（1人分）

鶏もも肉	150g
卵（溶き卵用）	1/2個
小麦粉	適量
塩・こしょう	少々
揚げ油	適量
ゆで卵	1/2個
A	
酢	小さじ2
砂糖	小さじ2
しょうゆ	小さじ2
B	
マヨネーズ	大さじ1と1/2
みじん切り玉ねぎ	25g
牛乳	少々
刻みパセリ	少々

つくり方

1. 甘酢をつくる。**A**を鍋に入れ、一度沸騰させたら火を止める
2. 鶏もも肉は塩・こしょうをし、小麦粉をまぶして余分な粉をはたいてから、溶き卵にくぐらせて油で揚げる
3. 揚がった鶏肉を**1**に浸ける
4. ゆで卵をつぶし、**B**の材料と混ぜ合わせてタルタルソースをつくる
5. 鶏肉を食べやすい大きさに切り、タルタルソースをかけて出来上がり

※タルタルソースにはお好みでレモン汁を。さっぱり食べられます

カンタン栄養分布

炭水化物　たんぱく質　脂質　ビタミン　ミネラル

組み合わせにどうぞ
枝豆と明太子のまぜごはん
→P46

 チキン南蛮はたんぱく質がしっかりとれるが、脂質も多くなってしまうため、体脂肪が気になる球児は鶏むね肉で代用するといい。

肉のおかず

ひじき入り鶏つくね

甘じょっぱいタレでごはんが進む鶏つくね。ひじきと生姜入りでさっぱり食べられます。お弁当に入れるときは、鶏ひき肉100g分でOK。

持久力UP　瞬発力UP　筋力UP　集中力UP

521 kcal

材料（1人分）

鶏ひき肉	150g
卵	1/2個
ひじきの煮物	45g
パン粉	大さじ1
おろし生姜	小さじ1/2
A	
しょうゆ	大さじ1
みりん	大さじ1
酒	大さじ1/2
砂糖	大さじ1/2
片栗粉	大さじ1/2
植物油	大さじ1/2

つくり方

1 ひじきの煮物は汁気を切ってボウルに入れておく。そこに、鶏ひき肉、卵、パン粉、おろし生姜を加えてよくこねる。柔らかすぎたらパン粉を追加する

2 2等分して丸め、植物油を熱したフライパンで焼く。焼き目がついたら裏返して、蓋をして弱火で3分焼いて火を通す

3 Aの調味料を合わせてタレをつくり、2に入れてよくからませる。少し煮詰めてから、水溶き片栗粉でとろみをつける

※火加減が強すぎると焦げるので注意！

カンタン栄養分布

炭水化物　たんぱく質　脂質　ビタミン　ミネラル

組み合わせにどうぞ
アジのちらし寿司 →P48

 ひじきは低カロリーなのに、牛乳の約12倍ものカルシウムをはじめビタミン、ミネラルなど栄養満点。サラダに入れるのもオススメ。

肉のおかず

レバーと野菜の みそ炒め

ヘルシーで栄養価がズバ抜けているレバーは球児メシのレギュラー食材。
パプリカやブロッコリーなどのカラフルな野菜と一緒にとって元気をチャージ！

インシーズン / オフシーズン / 試合日の夕食

持久力UP　瞬発力UP　筋力UP　集中力UP

159kcal

材料（1人分）

レバー	50g
ブロッコリー	50g
パプリカ（赤・黄）	各1/8個
にんにく	1/4片
生姜	1/4片
赤とうがらし	適量
A	
鶏がらスープ	50ml
みそ	大さじ1/2
砂糖	大さじ1/4
しょうゆ	大さじ1/4
片栗粉	大さじ1/4
植物油	大さじ1/4
片栗粉	少々

つくり方

1. レバーはひと口大に切り、10分ほど水にさらしてから水気を拭き、片栗粉をまぶす
2. ブロッコリーは小房に分けてゆでる。パプリカはタネを取り除き、ひと口大に切る
3. にんにくと生姜はみじん切りに、赤とうがらしはタネを除いて小口切りにする
4. **A**を合わせておく
5. 中華鍋に植物油を熱して、**3**を入れて炒め、香りが立ったら**4**とパプリカを加える。煮立ったらブロッコリーとレバーを加えて火を通す

カンタン栄養分布

炭水化物　たんぱく質　脂質　ビタミン　ミネラル

 ブロッコリーとパプリカに含まれているビタミンCが鉄の吸収率を高めてくれる。

組み合わせにどうぞ
鮭と長芋のグラタン
→P86

69

肉のおかず

鶏肉とさつま芋の甘酢あんかけ

ひと口食べると、どこか心もホッとする懐かしい味。
ホクホクのさつま芋とジューシーな唐揚げに甘酢あんがからむ。

インシーズン / オフシーズン / 試合日の夕食

持久力UP　瞬発力UP　筋力UP　集中力UP

396 kcal

材料（1人分）

鶏もも肉	75g
さつま芋	1/4本
ピーマン	3/4個
揚げ油	適量
A	
酒	小さじ1/4
しょうゆ	小さじ1/4
B	
ポン酢しょうゆ	大さじ2
砂糖	大さじ3/4
水	50ml
片栗粉	大さじ1/4

つくり方

1. 鶏もも肉をひと口大に切り、**A**をつけ、片栗粉（分量外）をまぶして唐揚げにする
2. さつま芋と、タネをとったピーマンをひと口大に切り、素揚げにする
3. 鍋に**B**を入れて弱火にかけ、沸騰したら水溶き片栗粉を入れてとろみをつける
4. **3**に**1**、**2**を入れてあえる

カンタン栄養分布

炭水化物　たんぱく質　脂質　ビタミン　ミネラル

パワーの源になってくれるイモ類。さつま芋のビタミンCは熱に強く揚げても破壊されにくい。

組み合わせにどうぞ
海藻のおにぎり
→P109

71

肉のおかず

豚キムチ餃子

にんにく&にら&キムチのトリプルパンチで鼻血が出そうになる美味しさ。
タレなしでもいけるから、お弁当のおかずやパパのおつまみにも最適。

持久力UP　瞬発力UP　筋力UP　集中力UP

509 kcal

材料（1人分）

豚ひき肉	75g
白菜キムチ	75g
にら	1/2束
にんにく	1/2片
生姜	1/2片
A	
酒	小さじ1/2
しょうゆ	小さじ1/2
ごま油	大さじ1/2
餃子の皮	10〜12枚
植物油	大さじ1/2
水	1/2カップ

つくり方

1. 白菜キムチ、にら、にんにく、生姜をそれぞれみじん切りにする
2. ボウルに豚ひき肉、1とAを入れて、手でよく混ぜ合わせる
3. 餃子の皮に2をのせ、フチに水（分量外）をつけてヒダを寄せながら包む
4. フライパンに植物油を熱して3を並べ、軽く焦げ目がついたら水を注ぎ入れ、蓋をして蒸し焼きにする。火が通ったら、蓋を外して水気がなくなるまで焼く

カンタン栄養分布

炭水化物　たんぱく質　脂質　ビタミン　ミネラル

組み合わせにどうぞ
サンラータン
→P119

 「完全食」と呼ばれるほどバランスよく栄養をとれる餃子。
発酵食品であるキムチの乳酸菌と豚肉のビタミンB₁の組み合わせで、疲労回復効果が抜群！

肉のおかず

牛肉とセロリの
オイスターソース炒め

鶏や豚よりも脂肪分が多いけれど、BCAAやカルニチンを含む牛肉。
食物繊維が豊富なセロリと一緒にさっぱり召し上がれ。

持久力UP　瞬発力UP　筋力UP　集中力UP

428 kcal

材料（1人分）

牛もも肉	150g
セロリ	1/2本
にんにく	1/2片
生姜	1/2片
A	
酒	大さじ1
オイスターソース	大さじ1
植物油	大さじ1/2
片栗粉	小さじ1
塩・こしょう	少々

つくり方

1. セロリは斜め薄切り、にんにくと生姜はみじん切りにする。牛もも肉は食べやすい大きさに切って、片栗粉をまぶす
2. フライパンに植物油とにんにく、生姜を入れて火にかけ、香りが立ったら牛もも肉を加えて炒める。肉の色が変わったらセロリを加えて炒め合わせる
3. Aを回し入れ、塩・こしょうで味を調える

カンタン栄養分布

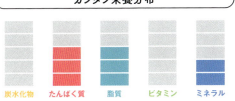

炭水化物　たんぱく質　脂質　ビタミン　ミネラル

組み合わせにどうぞ
海鮮トマト鍋
→P88

 牛肉に含まれる必須アミノ酸は植物性たんぱく質から摂取するよりも消化吸収がいいのが特徴。熱に強いので焼いたり煮たりしても壊れない。

全国高校食トレレポート

日立第一高校
[茨城県]

チームの絆を育てる
土日の炊き出しに密着!

茨城県有数の公立の進学校ながら、野球の強豪校としても知られる日立第一高校。中山顕監督のもと、限られた設備や環境のなかで努力と工夫を重ねて、実力を伸ばしてきました。その一環として炊き出しを始めたと聞き、訪ねてみました!

食事での身体づくりは当たり前
チーム一丸でさらなる高みへ

中山顕監督が食トレを初めて取り入れたのは約10年前の前任校時代。確かな手応えを感じ、日立第一高校赴任後も迷わず採用したそうです。お話を伺った鈴木寛明部長は、日立第一に赴任して9カ月。食トレが定着していたチームを見て、その効果に驚いたといいます。

「これまで見てきた選手たちと比べてもケガをしにくく、精神的にも安定していると感じました。夏の汗をかく時期にも足がつりにくく、へばったり練習を休むこともない。間食にはお菓子よりおにぎりやチーズ。選手も保護者も、食事に対する知識や心構えが違いましたね」。

その成果もあってか、近年では甲子園まであと一歩のチームに成長。そこで、食事への意識を一層高めるために監督が提案

> **学校DATA**　**所在地** 茨城県日立市若葉町3-15-1　**設立** 1927年
>
> 2007年にスーパーサイエンスハイスクールの指定を受け、2012年からは中高一貫教育がスタート。茨城県内屈指の進学率を誇る名門校。1985年の夏以来甲子園からは遠ざかっているものの、近年では県大会で上位に食い込み、文武両道の精神で甲子園出場を目指す。

したのが炊き出しでした。

「みんなで一緒に食べることでほかの選手がどれだけ食べているのかを実感できる機会になればと。同じ釜の飯を食べることで、チームワークをより強めたいという思いもありました」。

この提案を快諾した保護者たちは、保護者会会長で清水大海選手の父・拓さんを中心に、器具を揃え、献立を決め、買い出し、調理などを分担して実施。「周辺には農家も多く、皆さんが新鮮な野菜を持ち寄ってくれます。また、近所の肉屋さんで材料を買ったら、唐揚げをサービスしてくれることも。日立第一は地元では文武両道の学校として知られていて、保護者はもちろん、地域の方たちも応援してくれています」と清水さん。

また、野球部には委員会制度があり、身体づくりは栄養班が担当。リーダーの皆川拓志選手は「補食を食べているかを授業間にほかの教室に見に行ったり、栄養バランス強化食を毎日の練習のなかでいつとるのかを指示し、全員飲んだかもチェッ

所定の位置に座ると即座に食べ始める球児たち。「炊き出しは、温かいものが食べられてうれしいです」と口をそろえる。

クしています」とコメント。また、目標体重の達成度別にチームを3つに分け、ランク別に昼食をとらせて競わせるなど、自主的な取り組みで9割の選手が体重増に成功しているそうです。

小泉遼介選手の母・奈知子さんは息子さんの食への意識の変化を感じています。「最近では自分で納豆にしらすを加えたり、じゃがいもと卵とハムを炒めてジャーマンポテトをつくったりしています。本人が好きでやっているのもありますが、先生の指導やチームの空気のなかで意識が高まっているのかなとも感じます」。

左／炊き出しはオフシーズンの週末に実施。調理の合間に練習を見ながらほっとひと息。右／球児は体重と体脂肪を毎月チェックされ、目標達成率によってA〜Cにランク分け。Cランクの選手は、監督の近くで昼食をとるというルールが。

全国高校食トレレポート
日立第一高校 [茨城県]

炊き出しを始めて1カ月。包丁やまな板は各自で持参し、作業テーブルも保護者会で用意しています。保護者の皆さんへの負担は少なくないはず。それでも練習試合のないオフシーズンに学校に足を運ぶ機会ができ、練習が見られて喜ぶ保護者もいるなど、概ね好評のよう。

青木智哉選手の母・芳枝さんは「勉強や部活で忙しい息子にはどんな練習をしているのかを聞く時間もとれないので、実際に見ることができてうれしいです。チームメイトのお母さんたちと交流ができるのもいいですね」と話します。また、皆川拓志選手の母・庸子さんは「子どもが高校生になったらだんだん離れていっちゃうのかなと思っていたら、こういう形でまた成長に関われるなんてうれしい限りです。食事づくりにもやっと慣れてきて、サポートするのも楽しくなってきました」と笑顔で語ってくれました。

お弁当CHECK!

おかずによってごはんが進む日とそうでない日があるという武藤大生選手のお弁当。「ビビンバは母の手料理のなかでも特に好き。好物の肉と独特な味つけのナムルがたっぷりで、すごく美味しいです」。

「以前は太っていて、入学後の約9カ月で13kg減量しました」という川浪大河選手。いまや身体は引き締まり、理想の体重に。品数豊富な手づくり弁当のおかげで、たっぷり食べても痩せられることに感動!

9:00

今日のメニューは春雨スープ。地元の新鮮野菜を次々カット。

10:30

グラウンド横に設置したコンロの上の巨大な鍋に具材を投入。

11:00

煮込む間に調理場を片づけて、空いた時間に練習を見学。

11:30

肉だんごを投入。美味しいだしが出るまでさらに煮込む。

12:30

午前の練習終了。熱々スープを腹ペコ球児に笑顔で手渡す。

13:00

お椀100杯分の春雨スープを完食。ごちそうさまでした!

日立第一高校のママたちに聞きました!

我が家の食トレテク

清水大海選手ママ　政子さんのテク

1品で栄養がとれる市販品を賢く活用

実はバランスのいい食事をつくるのがとっても苦手。だから市販品も利用しています。たとえば、お弁当にチーズと魚肉ソーセージを持たせれば、魚も乳製品もまかなえます。買い物は好きなので、栄養の専門家やチームメイトのお母さんたちと情報交換しながら毎日の食事づくりに役立つ食品を見つけて、無理のないように続けていますね。

木川静選手ママ　雅美さんのテク

手軽につくれて栄養豊富なレシピをリサーチ!

料理は好きじゃなかったのですが、息子が食トレを始めてからよくつくるようになりました。料理雑誌を見て、我が家の定番になったのがフライパンひとつでつくれるドリア。ホワイトソースをつくって、具材を入れ、ごはんを投入して……とひと鍋でつくれます。鶏肉も牛乳もチーズも入っているし、味も好きなようでたくさん食べてくれますよ。

青木智哉選手ママ　芳枝さんのテク

白いごはんが進む鉄板おかずを決めておく

うちの子は小食でガリガリでしたが、頑張って10kg近く増やしました。ただ、最初はなかなかごはんが食べられなかったので、好きなおかずを用意しました。麻婆豆腐や回鍋肉、青椒肉絲などの中華系やすき焼きだと、ごはんがたくさん食べられるみたいです。お弁当なら野菜をたっぷり入れた生姜焼きにしたり、濃い目の味つけ&野菜多めがポイントですね。

河野太選手ママ　由起子さんのテク

季節によって食材のとり方を変える

カルシウム補給やたんぱく源として重要な牛乳ですが、夏場はのどが渇くとゴクゴク飲んでいたのに、寒くなると冷たいからと飲まなくなってしまいました。そこで専門家に相談したところ、温めて純ココアとはちみつを入れるといいと聞き、実践。また好んで飲んでくれるようになりました。牛乳が嫌いなわけではないのですが、飲み方を工夫するのも大事ですね。

鈴木智尋選手ママ　紀子さんのテク

ごはんには味をつけて食べ飽きない工夫を

中学でも野球をしていて、量は食べているほうだと思っていたらそうでもありませんでした。高校入学時の体重はチームワースト3の軽さ。それから頑張って食べるようになりましたね。お弁当のごはんは2合で、ふりかけや鮭フレークなどで味をつけて、毎日目先を変えています。また、にんじんが嫌いなので、すったり刻んだりしておかずに混ぜています。

皆川拓志選手ママ　庸子さんのテク

食材を美味しくする調理法を試してみる

専門家のお話を聞き、たんぱく質を意識するようになりました。毎日の献立に肉、魚、豆腐は欠かしません。鶏むね肉を勧められましたが、息子からはパサパサしていると不評です。そこで、フォークで穴を開けてお酒、塩・こしょうをまぶし、しばらく置いて柔らかくしてから調理するなど、少しでも美味しく食べてもらえるようにひと手間かけています。

食トレ
コラム
#4

ママのよくある悩みにお答えします①

苦手食材がある子、
食が細い子はどうしたらいい？

Q1

**魚が嫌いで食べてくれません。
食べさせるにはどうしたら
いいでしょうか？**

魚の脂には、肉の脂にはない不飽和脂肪酸が含まれていて、コレステロール値を下げるなどのいい働きをしてくれるので、ぜひ食べてもらいたい食材です。独特な匂いがダメな場合が多いので、カレー風味にして揚げたりすると食べやすくなります。

Q2

**好き嫌いが多くて困っています。
偏食を直すことはできますか？**

食習慣を変えるには時間がかかります。でも、ひと口だけでも頑張って食べようとする姿勢が大切です。身体が実際に変わってくると、本人の意識が変わり、苦手なものも食べるようになりますから、チャレンジ精神を鼓舞してあげましょう。

Q3

**食が細くて食事量が増えません。
無理なく増やす方法はありますか？**

食事量を一気に増やそうとしても難しいので、まずは1回の量はそのままに、食事の回数を増やすところから始めてみましょう。お弁当は、ごはんを敷き詰めるよりも、おにぎりなどで小分けにすると圧迫感がなくなり食べやすくなります。

Q4

**生野菜が苦手で食べられないので、
野菜不足が心配です。**

「野菜」というとサラダを連想する人が多いのですが、球児に食べて欲しいのはサラダでよく使われる淡色野菜よりも緑黄色野菜。なかまで濃い緑色のブロッコリーやピーマン、小松菜などを選び、子どもたちが好きな味つけにしてあげましょう。

Q5

**ごはんの量が多くて
食トレに苦戦しています。
いい方法はありますか？**

おかずの味つけを濃い目にしたり、ごはんのお供を活用して、少しずつ増やしていきましょう。ときには"W炭水化物"もアリ。ごはんのおかずにパスタを食べたり、みそ汁の具にそうめんを入れたり、食べやすい麺類で炭水化物の量を稼ぎます。

Q6

**どうしても野菜が不足しがちです。
いい対応策はありますか？**

手軽に野菜不足を解消するには、お鍋がオススメです。温野菜は食べやすく、大量の野菜を無理なくとることができます。シメを雑炊にすれば炭水化物もとれます。冷蔵庫の残り野菜が整理できる具だくさんみそ汁も、手軽で便利です。

80

CHAPTER5
疲労回復に欠かせない 魚のおかず

魚には肉からはとれない独自の栄養素が満載です。たとえば、魚の脂には、血液をさらさらにする不飽和脂肪酸が含まれています。ニキビや肌荒れにも効果がありますし、視力低下の予防にもなります。肉だけではダメ。魚もしっかり食べましょう。

※ 左ページの料理の写真は、1人分の材料でつくった該当メニューを実物大サイズで表示しています
※ カンタン栄養分布は、1食に必要な栄養の量を5目盛りに設定しています。5大栄養素すべてが5目盛りを満たすよう、献立を組みましょう
※ 該当メニューが「インシーズン」「オフシーズン」「試合日の夕食」のうちどの時期に向いているのか表しています
※ 該当メニューの栄養面で期待できる効果を「持久力UP」「瞬発力UP」「筋力UP」「集中力UP」の4種類で表しています。効果の程度は3段階あり、「とても効果あり」は濃い色で、「やや効果あり」は薄い色、「効果が薄い」はグレーで表しています

# 魚のおかず

インシーズン / オフシーズン / 試合日の夕食

さばのカレー焼き

DHAやEPAなど身体にいい不飽和脂肪酸や抗酸化作用のあるセレンを含むさば。
塩焼きやみそ煮もいいけれど、ときにはカレー粉でちょっとひと工夫。

 持久力UP　 瞬発力UP　 **筋力UP**　 集中力UP

337kcal

材料（1人分）

さば	100g（1切れ）
塩	少々
片栗粉	適量
植物油	大さじ1/2
A	
カレー粉	小さじ1/2
酒	小さじ2
しょうゆ	小さじ2
みりん	小さじ2
砂糖	小さじ1

つくり方

1 さばの両面に軽く塩をふって、全体に片栗粉をまぶしておく

2 **A**の調味料を混ぜ合わせておく

3 フライパンに植物油を熱して、**1**のさばを皮を下にして焼き、焼き色がついたら裏返して蓋をして蒸し焼きにする

4 キッチンペーパーで余分な脂を拭き取ってから、**2**を混ぜながら加え、少し火を弱めて煮詰める。調味料は両面にからめるようにする

カンタン栄養分布

炭水化物　たんぱく質　脂質　ビタミン　ミネラル

組み合わせにどうぞ
あさりと筍の炊き込みごはん
➡P52

 カレー粉に含まれるターメリック（ウコン）の主成分はクルクミン。抗酸化作用があり疲労回復に効果的。

魚のおかず

カジキのごまみそマヨネーズ焼き

アルミホイルで材料を包みトースターで焼くだけ。カンタンなのに美味な一品。
さっぱりとした肉質とこんがり焼けたごまみそマヨネーズが相性抜群。

インシーズン / オフシーズン / 試合日の夕食

持久力UP　瞬発力UP　筋力UP　集中力UP

447 kcal

材料（1人分）

カジキ	100g（1切れ）
じゃがいも	1/2個
玉ねぎ	1/8個
ブロッコリー	2房
塩・こしょう	少々
A	
マヨネーズ	大さじ2
白ごま	大さじ1
みそ	小さじ1

つくり方

1. 玉ねぎは薄切りに、じゃがいもは5mmの厚さに切ってレンジで加熱。ブロッコリーは小房に分けてゆでておく。カジキに軽く塩・こしょうをふる

2. **A**の調味料を合わせておく

3. 広げたホイルの上に、じゃがいも、玉ねぎ、カジキの順に重ね、**2**を塗る。ホイルの上部を閉じて、オーブントースターで15分焼く。最後の1〜2分はホイルを開いて焼くと、焦げ目がつく

4. ブロッコリーを添える

カンタン栄養分布

炭水化物　たんぱく質　脂質　ビタミン　ミネラル

組み合わせにどうぞ
海藻のおにぎり
➡P109

 添える野菜は、きのこやトマト、アスパラガス、キャベツなど何でもOK。残り野菜を上手に代用して。

魚のおかず

鮭と長芋のグラタン

鮭の赤い色は、強力な抗酸化作用を持つアスタキサンチンの色。
漢方にも利用されるほど栄養満点な長芋と一緒にふわふわのグラタンに。

インシーズン / オフシーズン / 試合日の夕食

持久力UP　瞬発力UP　筋力UP　集中力UP

335kcal

材料（1人分）

生鮭	100g（1切れ）
しめじ	1/4株
ブロッコリー	40g
長芋	100g
とろけるチーズ	30g
塩・こしょう	少々
薄口しょうゆ	小さじ1/4
バター	少々

つくり方

1. 生鮭は塩・こしょうをふって10分おいた後、表面の水気を拭き、ひと口大に切る
2. しめじは、石づきを取ってほぐし、ブロッコリーは小房に分けて熱湯でゆでる
3. 長芋をすりおろし、薄口しょうゆで下味をつける
4. 耐熱容器にバターを塗り、**1**、**2**を並べ**3**をかける。とろけるチーズをのせて、200度のオーブンで7〜8分、チーズが溶けるまで焼く

カンタン栄養分布

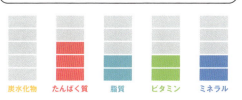
炭水化物　たんぱく質　脂質　ビタミン　ミネラル

組み合わせにどうぞ
トウモロコシと枝豆ごはん ➡P50

鮭の皮はコラーゲンが豊富。特に、皮のすぐ下の脂はDHAやEPAを含んでいるので、できるだけ皮ごと食べるのがオススメ。

87

魚のおかず

海鮮トマト鍋

インシーズン／オフシーズン／試合日の夕食

低脂肪・高たんぱくなタラはアスリートの強い味方。お鍋にすると野菜もたくさんとれて栄養面もバッチリ。シメには、ごはんとチーズでリゾットがオススメ。

持久力UP　瞬発力UP　筋力UP　集中力UP

265kcal

材料（1人分）

タラ	80g	**A**	
えび	2尾	水	200ml
あさり（殻つき）	5個	酒	大さじ1/2
じゃがいも	1/2個	コンソメ	1/2個
キャベツ	50g	塩・こしょう	少々
玉ねぎ	1/4個	トマト水煮缶詰	100g
えのき	1/4株		
ブロッコリー	1/4株		
にんにく	1/4片		
オリーブ油	大さじ1/4		

つくり方

1. あさりは砂抜きをしておく。にんにくはみじん切り、タラとその他の野菜は食べやすい大きさに切る。ブロッコリーは小房に分けてゆでておく

2. 鍋にオリーブ油とにんにくを入れ、香りが出たら**A**を入れて味を調える。火が通りにくいじゃがいもや玉ねぎから入れて、火が通ったらえのき、キャベツ、魚貝類を入れて煮込む

カンタン栄養分布

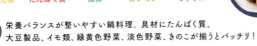
炭水化物　たんぱく質　脂質　ビタミン　ミネラル

💡 栄養バランスが整いやすい鍋料理。具材にたんぱく質、大豆製品、イモ類、緑黄色野菜、淡色野菜、きのこが揃うとバッチリ！

組み合わせにどうぞ
里芋ときのこのクリーミーコロッケ ➡P62

魚のおかず

さわらのムニエルと野菜のソテー

魚類のなかでもカリウムを豊富に含むさわらを野菜と一緒にシンプルにソテー。
疲労回復に効果的で消化もいいので、疲れた日に食べたい。

インシーズン / オフシーズン / 試合日の夕食

持久力UP　瞬発力UP　**筋力UP**　集中力UP

343 kcal

材料（1人分）

さわら	100g（1切れ）
アスパラガス	2本
スナップエンドウ	5さや
ミニトマト	2個
小麦粉	大さじ1
バター	10g
植物油	小さじ1
塩・こしょう	少々

つくり方

1. さわらに塩・こしょうをし、小麦粉をまぶす
2. アスパラガスは根元を落として、長さを半分に切る。スナップエンドウはすじを取る
3. フライパンにバターを溶かして、さわらを皮側から中火で焼き、焼き色がついたら裏返して火を弱め、なかまで火を通し、さわらを取り出す
4. フライパンの汚れを拭き取り、植物油を熱して2の野菜を炒め、塩・こしょうして3と一緒に皿に盛る。ミニトマトを添える

カンタン栄養分布

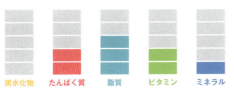

炭水化物　たんぱく質　脂質　ビタミン　ミネラル

組み合わせにどうぞ
枝豆と明太子のまぜごはん
→P46

 魚へんに春と書くさわら（鰆）だが、関東では脂がのった12月〜2月に食べられることが多い。

魚のおかず

うなぎとごぼうの卵とじ

古くから精をつけたいときに食されてきたうなぎはビタミンの宝庫！
卵とごぼうと一緒に甘じょっぱく煮込めば、ごはんが進む無敵の健康食に。

インシーズン / オフシーズン / 試合日の夕食

持久力UP　瞬発力UP　**筋力UP**　集中力UP

257 kcal

材料（1人分）

うなぎの蒲焼	大1/4尾
ごぼう	1/4本
長ねぎ	1/4本
みつば	10g
卵	1個
A	
だし汁	100ml
酒	大さじ1/2
薄口しょうゆ	小さじ2
みりん	大さじ1/4
砂糖	小さじ1/4

つくり方

1. うなぎの蒲焼は2cm幅に切る。ごぼうはささがきにして水にさらす。長ねぎは斜め薄切り、みつばは3cmの長さに切る

2. 鍋にAの調味料を入れて煮立て、ごぼうと長ねぎを入れる。火が通ったら、うなぎを入れて、ひと煮立ちしたら、溶いた卵を半量だけ加えてさっと混ぜる。続けて残りの半量を加えて蓋をし、火を止めて蒸らす。最後にみつばを散らす

カンタン栄養分布

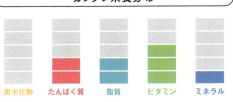

炭水化物　たんぱく質　脂質　ビタミン　ミネラル

組み合わせにどうぞ
トマトのチーズ焼き
➡P105

 うなぎには成長期に欠かせないカルシウムも含まれている。たくさん食べて丈夫な骨をつくろう。

魚のおかず

アジの エスカベシュ

たっぷりの野菜と一緒にサラダ感覚で食べたいエスカベシュ。
ワインビネガーの酸っぱさが、疲れた身体をシャキッと目覚めさせてくれる。

インシーズン / オフシーズン / 試合日の夕食

 持久力UP　 瞬発力UP　 **筋力UP**　 集中力UP

418 kcal

材料（1人分）

小アジ	100g
セロリ	1/4本
玉ねぎ	1/4個
にんじん	1/8本
ミニトマト	適量
小麦粉	適量
揚げ油	適量
A	
オリーブ油	25ml
ワインビネガー	大さじ1/2
レモン汁	大さじ1/2
塩	小さじ1/3
こしょう	少々

つくり方

1. セロリはすじを取って斜め薄切り、にんじんは千切り、ミニトマトは半分に切る
2. 玉ねぎは薄切りにし、水にさらしてから、ザルに上げて水気をよく切る
3. 小アジは内臓と頭を取って流水でよく洗う。水気を拭いてから、塩・こしょう（分量外）をして小麦粉をまぶし、170度に熱した油で揚げる
4. **3**の油をよく切り、**1**、**2**の野菜と合わせる。鍋に**A**の調味料を合わせて火にかけ、温まったら野菜とアジに回しかける。冷蔵庫で冷やし、味をなじませる

カンタン栄養分布

炭水化物 / たんぱく質 / 脂質 / ビタミン / ミネラル

組み合わせにどうぞ
トウモロコシと枝豆ごはん ➡P50

 アジはカルシウムも豊富。酢漬けにすると骨まで柔らかくなって食べやすく、カルシウムの吸収率もUPする。

魚のおかず

いわしのピザ

煮たり焼いたりだしをとったり、和食に欠かせないいわしがピザに大変身！
いわしの旨味とチーズのまろやかさが相まった、新感覚の美味しさ。

持久力UP　**瞬発力UP**　筋力UP　集中力UP

405kcal

インシーズン / オフシーズン / 試合日の夕食

材料（1人分）

いわし	2尾
玉ねぎ	適量
ピーマン	適量
ミニトマト	適量
塩・こしょう	少々
小麦粉	適量
オリーブ油	小さじ2
ケチャップ	大さじ1
とろけるチーズ	30g

つくり方

1. ピーマンはタネを取って輪切り、ミニトマトと玉ねぎは薄切りにしておく。いわしは頭を切り落として内臓を取り除き、手開きにして骨を取る。塩・こしょうをし、小麦粉をまぶす

2. フライパンにオリーブ油を熱し、いわしを皮を下にして中火で焼く

3. 焼き色がついたら裏返してケチャップを塗り、とろけるチーズと野菜をのせて蓋をしてチーズがとろけるまで焼く

カンタン栄養分布

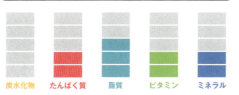

炭水化物　たんぱく質　脂質　ビタミン　ミネラル

組み合わせにどうぞ
卵あん
→P111

 いわしには、アミノ酸のひとつで、やる気や集中力を高める効果のあるチロシンが含まれている。

全国高校食トレレポート

愛情と栄養をたっぷりチャージ！
ぼくらの"アイデア補食"

消耗したエネルギーを補給し、速やかな疲労回復につなげるために大切な"補食"。練習の合間や練習直後など、運動してから時間をおかずに摂取することが重要です。各自で持参したおにぎりなどを食べるのが一般的ですが、タイムリー編集部が取材してきたなかには、面白い工夫をしている野球部がたくさんありました。そんなアイデアあふれる補食をご紹介しましょう！

瓊浦高校［長崎県］
豆乳

激戦の長崎県にあって、安定した成績を残している瓊浦高校で補食に取り入れているのが"豆乳"。牛乳に比べ、筋肉を育てるのに必要不可欠なたんぱく質が多く含まれているのに、脂質は少ない優秀食品です。多くの部員が入部するまで豆乳を飲んだことがなかったそうですが、慣れると好評。1日400mlの豆乳を練習の合間に積極的に飲んでいました。

明治大学付属中野八王子高校［東京都］
マネージャーのおにぎり

マネージャーお手製のおにぎりは、部で用意される補食のなかでは定番のメニュー。明大中野八王子高校では、マネージャーたちが毎日40合の白米を炊いて、練習の合間と終わりに部員たちが食べるおにぎりをつくっていました。食が進むように、おにぎりの具を変えるなど、いろいろな工夫もしているとのこと。マネージャーの愛情たっぷりのおにぎりでパワーチャージ！ 部員のやる気も急上昇です。

福岡工業高校［福岡県］
保護者の炊き出し

春夏通算9度の甲子園出場を果たし、プロ野球選手も輩出している伝統校、福岡工業では保護者が大活躍！ 支援体制が整っていて、土日練習の昼食は当番制で炊き出しを実施しています。ごはんは必ず1kg食べるのがルールで、取材当日のメニューは500gのすき焼き丼に500gの白飯。かなりの量ですが、腹ペコの部員たちは勢いよくかき込みます。練習で疲れた身体には温かい食事が染み渡るようです。

すき焼き丼は、身体を大きくするのに最適な、たんぱく質と炭水化物の組み合わせ。牛肉（赤身）には、鉄も多く含まれているので持久力もサポートしてくれる。ごはんの量はきっちり計って部員に手渡し。

石岡第一高校［茨城県］
卵かけごはん

茨城県の優勝候補の一角に名を連ねるようになった石岡第一の補食は、卵かけごはん。食が進みやすく、アミノ酸スコア100の栄養食です。休日の練習では、身体を大きくしたい部員たちが、10時、12時、14時、16時の4回補食がとれるよう、マネージャーたちが65合もの米をといで支度していました。

練習の合間、炊きたてごはんに卵を割り入れて黙々と食べる部員たち。ケガをしなくなったそう。

西武台千葉［千葉県］
温かいみそ汁

巨大なずんどう鍋にたっぷりつくられた補食のみそ汁は、西武台千葉の名物。卒業生が営む学校近くのスーパーから、形の悪い食材や野菜の切れ端を格安で購入してつくっています。夏場はみそ汁ではなく、麦茶をこまめに飲んでいるそうですが、補食を始めてから、脱水症状で足がつる生徒が激減したそう。身体を温め、胃腸の消化吸収を助けてくれます。

ツワモノ発見！

編集部一同驚かされたのが、愛用の炊飯器を手に登校しているという、益田清風高校（岐阜県）の鈴木太郎選手。下宿での食事以外に、1日5合を炊いて食べています。その甲斐あって、2カ月で体重が4kgアップしました。

食トレ
コラム
#5

ママのよくある悩みにお答えします②

食トレをやっていて悩んでしまう
あんなとき、こんなとき

Q1

**お弁当がお肉ばかりに
偏ってしまいます。
大丈夫でしょうか?**

栄養バランスは1日で帳尻を合わせればいいので、朝食や夕食で魚を食べれば問題ありません。鮭フレークやしらす、ツナ缶や魚肉ソーセージなど、魚の加工品を使い、ごはんや卵焼きなどに混ぜたりすると、自然と魚がとれます。

Q2

**身長を伸ばすのに
いい食材はありますか?**

身長の伸びに関係がある栄養素は、骨をつくるたんぱく質とカルシウムなどのミネラル、吸収を高めるビタミンです。身長の伸び方には個人差がありますが、必要な栄養素が不足していると伸びる可能性を妨げてしまうので、上記の栄養素を積極的にとりましょう。

Q3

**カンタンに献立の栄養バランスを
よくするコツがあれば教えてください。**

茶・赤黄・黒・緑・白の5色の食材が含まれているかチェックします。茶は肉や魚、白はごはんやパン、赤黄はトマトやかぼちゃ、緑はブロッコリーや小松菜、黒は海藻、ごま、小魚等です。買い物でも色を意識すると、料理の幅も広がりますよ。

Q4

**夕食がかなり遅い時間に
なることがあります。このとき食事の
注意点はありますか?**

夕食が遅くなる場合は、消化のよいものをよく噛んで食べさせましょう。ごはんやうどんなどの炭水化物、じゃがいもや長芋は消化がよくエネルギー源になります。お鍋もオススメ。逆に、焼肉や揚げ物は消化に時間がかかるので避けましょう。

Q5

**朝はどうしても決められた量が
食べ切れません。ダメでしょうか?**

足りない分はおにぎりなどにして学校に持参し、補食として10時頃までに食べれば大丈夫です。また、遅い時間に消化が悪いものを食べると内臓が休む時間がなくなり、朝の食欲低下につながります。夕食の内容も見直してみましょう。

Q6

**食トレをやるうえで、
コンビニやスーパーの商品を
利用してもいいでしょうか?**

すべてを手づくりでまかなうのは大変なこと。市販品も上手に利用してください。ただし、選び方にコツがあります。おにぎりなら鮭や梅、昆布などにし、マヨネーズが入っているツナなどは選ばないように。また、砂糖が多い菓子パン類はやめましょう。

100

CHAPTER 6
栄養たっぷり食材を使った
5分でできる副菜

肉と魚、2種類のメインディッシュと主食のごはんを決めたら、足りなさそうな栄養素を補うイメージで副菜をチョイスしましょう。ここでは、球児メシに欠かせない6つの食材をクローズアップ！ この6つの食材だけは、切らさず常にストックしておくようにしましょう。

※ 栄養分布は、1食に必要な栄養の量を5目盛りに設定しています。5大栄養素すべてが5目盛りを満たすよう、献立を組みましょう。
※ 該当メニューが「インシーズン」「オフシーズン」「試合日の夕食」のうちどの時期に向いているのか表しています。
※ 該当メニューの栄養面で期待できる効果を「瞬発力UP」「筋力UP」「集中力UP」の3種類で表しています。

"緑が少ないな"と思うときに

ブロッコリー

- 疲労回復
- 免疫力UP
- ケガ予防
- 消化機能UP

クセのない味で、幅広い料理に使えるブロッコリーは低カロリーなのに栄養満点！ 成長期の子どもがいる家庭では、常にストックしておきたい食材のひとつです。ビタミンとミネラルを豊富に含んでいますが、なかでもビタミンCの含有量はピカイチ。2房食べれば成人1日分のビタミンCを摂取できます。冷凍しても栄養が壊れにくいため、ブロッコリーが安い時期に買っておいて、火を通して冷凍保存しておくと便利です。

 栄養を逃さない調理のコツ
ゆでると栄養がゆで汁に流れて半減してしまうので、火を通すには蒸す・焼く・レンジ加熱がベター。

5分でできる副菜

ブロッコリーと卵のサラダ

集中力UP　　　　　　　　**180kcal**

材料（1人分）
ブロッコリー	100g
ゆで卵	1個
シーザードレッシング	大さじ1
塩・こしょう	少々

つくり方
1. ブロッコリーは小房に分け、洗って耐熱皿に並べ、ラップをして電子レンジで2分加熱した後、冷ましておく
2. ゆで卵を粗みじんに切る
3. ボウルにすべての材料を入れて混ぜる

炭水化物　たんぱく質　脂質　ビタミン　ミネラル

ブロッコリーのチーズ焼き

集中力UP　　　　　　　　**101kcal**

材料（1人分）
ブロッコリー	100g
とろけるチーズ	20g
黒こしょう	少々

※ ツナやハムを加えてもいい

つくり方
1. ブロッコリーは小房に分け、洗って耐熱皿に並べ、ラップをして電子レンジで2分加熱する
2. 1にとろけるチーズをのせ、オーブントースターで3分ほど焼き、黒こしょうをふる

炭水化物　たんぱく質　脂質　ビタミン　ミネラル

インシーズン｜オフシーズン｜試合日の夕食

＼赤い
リコピンパワーを
食卓に／

トマト

`抗酸化作用` `風邪予防`
`腸内環境を改善` `脂肪燃焼`

トマトの赤はリコピンの色。練習で疲れた身体には細胞を酸化させる原因となる活性酸素が溜まりますが、リコピンはβ-カロテンの2倍、ビタミンEの100倍ともいわれる強力な抗酸化作用で活性酸素を除去してくれます。試合で力を発揮するためには、健康な身体があってこそ。食卓を見て「赤い色が足りないな」と思ったら、トマトを添えられるように常に冷蔵庫にストックしておきましょう。

 栄養を逃さない調理のコツ
ポイントは3つ。①油と一緒に調理する②できれば加熱する③細かくする。ホール缶を活用したスープなどは栄養面から見ると最高のメニュー。

5分でできる副菜

トマトのチーズ焼き

筋力UP　　　**177kcal**

材料（1人分）
- トマト　　　1個（200g）
- とろけるチーズ　　　30g
- オリーブ油　　　小さじ1
- 塩・こしょう　　　少々

つくり方
1. トマトを1cm幅に切り、耐熱皿に並べる
2. 1にオリーブ油を回しかけ、軽く塩・こしょうをし、とろけるチーズをのせてオーブントースターで4分ほど焼く

炭水化物　たんぱく質　脂質　ビタミン　ミネラル

カプレーゼ

筋力UP　　　**226kcal**

材料（1人分）
- トマト　　　1/2個（100g）
- チーズ　　　50g
- オリーブ油　　　小さじ1
- 塩・こしょう　　　少々
- パセリかバジル　　　少々

※チーズはプロセスチーズでもいいが、モッツァレラやカマンベールなどのナチュラルチーズもオススメ

つくり方
1. トマトとチーズを1cmくらいの幅に切り、皿に交互に並べる
2. 1にオリーブ油を回しかけ、塩・こしょうをふり、パセリまたはバジルをかざる

炭水化物　たんぱく質　脂質　ビタミン　ミネラル

105

\\ 完全無欠の スーパー 栄養食材 /

納豆

- 筋力UP
- 記憶力UP
- 貧血予防
- 抗酸化作用

良質なたんぱく質をはじめとして5大栄養素がバランスよく含まれる納豆。ほかにもネバネバ成分のナットウキナーゼやイソフラボン、カルシウムやマグネシウム、レシチンなど身体にいい栄養素が盛りだくさん！ 毎食でも食べたい栄養食材なので、常にストックしておきましょう。イカやまぐろの刺身、しらすやごま、野菜のおひたしやキムチなど、いろんな食材とも相性抜群。試してみてください。

 栄養を逃さない調理のコツ
納豆の栄養を丸ごととりたいなら加熱しないほうがベター。ただ、加熱してもナットウキナーゼ以外の栄養はしっかりとれる。

5分でできる副菜

そぼろ納豆

 瞬発力UP 集中力UP

218kcal

材料（1人分）
鶏ひき肉	50g
納豆	1パック
小ねぎ	少々
A	
酒	小さじ1/2
砂糖	小さじ1
しょうゆ	小さじ1
みりん	小さじ1
おろし生姜	少々

つくり方

1. フライパンに鶏ひき肉とAを入れてよくかき混ぜてから中火にかけ、パラパラになるまで箸でかき混ぜながら煮詰める
2. 火を止めてから、納豆と小口切りにした小ねぎを加えて混ぜ合わせる

炭水化物　たんぱく質　脂質　ビタミン　ミネラル

納豆のかき揚げ

 瞬発力UP 集中力UP

733kcal

材料（1人分）
納豆	1パック	塩・こしょう	少々
玉ねぎ	1/2個	卵	1個
粒コーン（缶詰）	50g	揚げ油	適量
小麦粉	1/2カップ		

つくり方

1. 玉ねぎは薄切りにする。納豆は塩・こしょうをしてかき混ぜ、卵は大さじ2の水（分量外）を加えて溶いておく
2. 納豆に粒コーンと玉ねぎを入れ、小麦粉を全体にまんべんなくまぶしてから、1の卵液を加えてさっくりと混ぜる
   ※水気が少ないようなら酒を足す
3. 揚げ油を160〜170度に熱し、2のタネを落とし入れ、両面を返しながら揚げる
   ※小さめに揚げるほうがサクサクに仕上がる

炭水化物　たんぱく質　脂質　ビタミン　ミネラル

> 疲れた
> 身体を
> 癒してくれる

海藻

- 免疫力UP
- 腸内環境改善
- 骨を強くする
- むくみ改善

海藻は、身体の調子を整えるミネラルと食物繊維が凝縮したアルカリ性食品。激しい運動をする球児の身体に溜まりがちな活性酸素を除去し、調子のいい状態に導いてくれます。脂肪分がほとんどなく、低カロリーなのもうれしいポイント。昆布、わかめ、ひじき、めかぶ、もずく、のりなど黒い色が特徴です。ちょっと地味だけどいろんな料理に合う名脇役。意識して摂取するようにしましょう。

 栄養を逃さない調理のコツ
酢の物にすると食物繊維が柔らかくなって美味しくなるうえにミネラルの吸収率もUP。油で炒める調理法もオススメ。

5分でできる副菜

わかめとキウイのサラダ

瞬発力UP　　　　　　　　　　129kcal

材料（1人分）
乾燥わかめ	3g
玉ねぎ	30g
キウイ	1個
フレンチドレッシング	大さじ1

※ゴールドキウイよりも通常の緑色のタイプのほうがオススメ

つくり方

1 乾燥わかめを水に浸し、戻しておく。玉ねぎをみじん切りに、キウイはひと口大にカットする

2 1をすべてボウルに入れ、フレンチドレッシングであえる

炭水化物　たんぱく質　脂質　ビタミン　ミネラル

インシーズン／オフシーズン／試合日の夕食

海藻のおにぎり（2種）

瞬発力UP　　　　　　　　　　583kcal

材料（1人分）
米	1合
乾燥ひじき	大さじ1
小松菜	1株（30g）
ちりめんじゃこ	2g
めんつゆ（3倍濃縮）	大さじ1/2
ごま油	適量
炒り白ごま	1g
とろろ昆布	4g
塩	少々

つくり方

1 乾燥ひじきを水に浸し、戻しておく。小松菜は細かく刻んでおく

2 鍋にごま油を引き、1を入れて炒め、めんつゆで味付けしたら、ちりめんじゃこと炒り白ごまを入れて混ぜ合わせる

3 半合分のごはんをボウルに入れ、2を入れて混ぜ合わせ、おにぎりをつくる

4 残った半合分のごはんで塩おむすびをつくり、のりの代わりにとろろ昆布を巻く

炭水化物　たんぱく質　脂質　ビタミン　ミネラル

インシーズン／オフシーズン／試合日の夕食

1日
2〜3個は
食べたい

卵

- 抗酸化作用
- 脳を活性化
- 風邪予防
- 新陳代謝促進

豊富なたんぱく質とともに、人間の体内で合成できない9つの必須アミノ酸とビタミン、ミネラルをバランスよく含む卵はアスリートの強い味方。かつて卵は1日1個までと言われた時代もありましたが、コレステロールの意義が見直されて、いまでは大人でも1日2個は食べたほうがいいと言われています。運動量の多い球児であればなおさら。1日に2〜3個は食べるようにしましょう。

栄養を逃さない調理のコツ
生食だと熱に弱いビタミンB群もとれるが、半熟だと消化吸収率がUP。お弁当のときはしっかり火を通しておこう。

5分でできる副菜

卵あん

筋力UP　　　　　**191kcal**

材料（1人分）
卵	2個
みつば	1/2束
だし汁	400ml
薄口しょうゆ	大さじ1と1/2
片栗粉	適量

つくり方
1. みつばを2cm長さに切る
2. 鍋にだし汁を入れて煮立て、弱火にして薄口しょうゆを入れる。水溶き片栗粉で軽くとろみをつけたら、溶いた卵を回し入れ、みつばを加えて火を止める
3. ごはんなどにかける
※うどんやゆでた野菜にかけても美味しい

巣ごもり卵

筋力UP　　　　　**323kcal**

材料（1人分）
卵	2個
キャベツ	150g
ベーコン	20g
植物油	大さじ1/2
塩・こしょう	少々

つくり方
1. キャベツは太めの千切り、ベーコンは細切りにする
2. フライパンに植物油を熱して、1を炒め、塩・こしょうで味を調える
3. いったん火を止めて、2を2等分に分け、中央にくぼみをつくって卵を割り入れる
4. 蓋をして、弱火で蒸し焼きにする

111

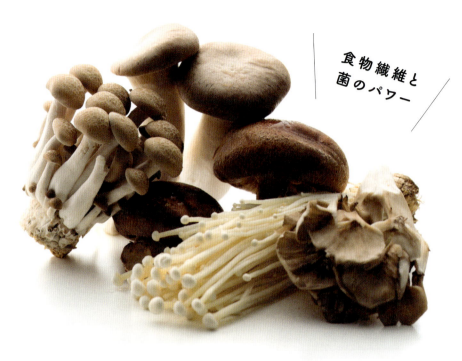

> 食物繊維と菌のパワー

きのこ

- 腸内環境改善
- 免疫力UP
- 骨を強くする
- むくみ改善

きのこに含まれる食物繊維の量は野菜のなかでも指折り。特に、お通じをよくする不溶性食物繊維が多く、腸内環境をよくしてくれます。また、身体の調子を整え、疲労回復に効果的なビタミンやミネラルを豊富に含有。とてもヘルシーなのに栄養満点です。さらに、きのこはだしがとれるほど旨味成分もたっぷり。料理に奥深い味わいを与えるきのこを、いろいろな料理に取り入れてみましょう。

栄養を逃さない調理のコツ
きのこは水洗いせず（汚れがあればキッチンペーパーで拭く）、加熱しすぎないのが調理のコツ。冷凍すると旨味がさらにUPする。

5分でできる副菜

きのこのマリネ カレー風味

 瞬発力UP　　　**147**kcal

材料（1人分）
きのこ数種	合わせて1パック
フレンチドレッシング	大さじ2
カレー粉	小さじ1/2

つくり方
1. きのこは石づきを取り、小房に分け、ラップにくるんでレンジで3分ほど加熱する
2. ボウルに**1**を入れ、フレンチドレッシングとカレー粉を加えてあえる

炭水化物　たんぱく質　脂質　ビタミン　ミネラル

インシーズン／オフシーズン／試合日の夕食

きのこの 炒め煮

 瞬発力UP　　　**207**kcal

材料（1人分）
きのこ数種	合わせて1パック
油揚げ	1枚
めんつゆ（3倍濃縮）	大さじ1
炒り白ごま	適量
植物油	適量

つくり方
1. きのこは石づきを取り、小房に分け、油揚げは細切りにしておく
2. 鍋に植物油を引き、**1**を入れて炒め、しんなりしたらめんつゆで味つけする。仕上げに炒り白ごまをかける

※お好みで、鰹節や七味などもどうぞ

炭水化物　たんぱく質　脂質　ビタミン　ミネラル

インシーズン／オフシーズン／試合日の夕食

113

食トレコラム #6

ペロリ 完食弁当づくりのコツ

球児がよろこぶお弁当

土日も試合や練習で忙しい高校野球部。毎日のように巨大なお弁当と格闘しているママも多いのではないでしょうか。ここでは、球児に必要なカロリーがしっかりとれるうえに、栄養バランスがよく、しかも美味しいお弁当づくりのコツを紹介していきます！ きっと明日からペロリと完食してくれるハズです。

基本的な考え方はP14と一緒ですが、お弁当はその特性上、下記の5カ条を守ってつくりましょう。お米の量は選手によって違いますが、1.5～2.5合ほど。これを基準にして、その半分の量のたんぱく質（肉・魚・卵）と野菜（果物）を入れるようにします。牛乳（200ml）かチーズ（30g）、果物がない場合は果汁100％オレンジジュース（200ml）を常に持たせましょう。

例
左：鮭としらすの混ぜごはん
中：ひじき入り鶏つくね→レシピP66／根菜の豚肉巻き
右：ブロッコリーとえびのサラダ／ゆで卵／ミニトマト

お弁当の5カ条

1. ごはん：たんぱく質（肉・魚・卵）：野菜（果物）＝2：1：1になるように
2. 火をしっかり通す
3. ごはんが進むように、おかずの味を濃い目にする
4. 魚は工夫してとる
5. フルーツ（果汁100％オレンジジュース）と乳製品は必須

糖質チャージ！ 元気復活弁当

左：ガパオライス（米1.5合）→レシピP38
中：鶏むね肉の蒸し焼き 香味ソース／イカとキャベツのパスタ（パスタ50g）
右：エスニックサラダ／カプレーゼ→レシピP105

スタミナを奪われる夏場の練習時はもちろん、集中的に身体を大きくしたいオフシーズンにもオススメなのが、糖質とたんぱく質を意識したお弁当。スパイシーなガパオライスなら食も進みます。パスタをおかずにごはんを食べる"W炭水化物"も球児にはオススメ。

コツ 鶏むね肉は、高たんぱく・低脂質でアスリートに最適。特に、身体を絞りたい球児には外せない食品です。パサパサしがちなので、香味ソースやごまダレなど味が濃いソースをたっぷりかけると食べやすくなります。

魚たっぷり疲労回復弁当

左：ツナの炊き込みごはん（米2合）
中：さばのカレー焼き→レシピP82／魚肉ソーセージのサラダ
右：ほうれん草とにんじんのナムル／スペイン風オムレツ／ミニトマト

お弁当はどうしても肉のおかずに偏ってしまいがち。でも、魚には身体にいい不飽和脂肪酸が多く含まれているので、工夫してとりたいものです。ポイントは、加工品を積極的に利用すること。魚が苦手な子にはカレー風味など濃い目の味つけにするのもオススメです。

> **コツ**　魚肉ソーセージやちくわ、ツナ缶、しらすや鮭フレークなど、魚の加工品はバランスのいいお弁当づくりの強い味方。ごはんに混ぜたり、卵焼きに入れたりすれば、魚が苦手な子も食べやすくなります。

忙しいとき片手でつまめる弁当

左：海藻のおにぎり→レシピP109／ゆかりのおにぎり
中：唐揚げ／卵焼き／ちくわきゅうり
右：ブロッコリー／ミニトマト／オレンジ／キウイ

練習前に準備をしたり、野球部員は意外と忙しいもの。「時間がなくてお弁当を完食できない」ということがときどきあります。また、試合の日も慌ただしいことが多いものです。そんなときは、空いた時間に少しずつ食べ進められるこんなお弁当がいいでしょう。

> **コツ**　時間がないときは少しでも栄養補給できるように食べやすさ重視です。小さいおにぎりを多めに入れ、唐揚げや卵焼き、フルーツなど片手でつまんで食べられるものにしましょう。食が細い子にも向いています。

食欲がない日も食べやすい弁当

カペリーニ入り
ガスパチョ（パスタ50g）

チーズカレーピラフ
（米1合）

鮭のおにぎり

タンドリーチキン／
きのこのマリネ／
ミニトマト

食欲がない日は、ごはんの量がいつもにも増して辛く感じるもの。そんなときはごはんの量を少なくして、その分食べやすい麺類を入れるといいでしょう。汁物が入れられる保温・保冷タイプのお弁当箱なら、夏は冷たく、冬は温かい麺類が食べられて、自然と食が進みます。

> **コツ**　食べやすい麺類のほかに、スパイシーな味つけも食欲を刺激してくれるもの。特に、暑い夏場の練習は汗をかくので辛いものが美味しく感じます。栄養バランスを考えつつ、好物を入れてあげるのもいいでしょう。

食トレコラム #7

理想的な弁当箱の選び方

食欲UP!するお弁当箱の4条件

食品保存容器をお弁当箱に代用すると、悲しくなるほどの寄り弁や、被害甚大な汁もれがときどき起こります。そんな悲劇を未然に防ぎ、球児の食欲をアップさせる栄養満点弁当の秘訣はお弁当箱選びにあり!?

1 何よりも大容量

球児のお弁当箱を選ぶうえで何よりも重視しなければいけないのが大容量であること。1.5～2.5合のごはん、その半量のたんぱく質、野菜や果物を入れるため、2L近くの容量があるお弁当箱を選ぶ必要があります。

2 栄養バランスがとりやすい

食品保存容器だと、深さがあるうえに仕切りがなく詰めづらいため、どうしてもごはんばかりが多く、おかずが少なくなりがちです。寄り弁なども気になるので、ごはんとおかずの容器が分かれているほうが無難です。

3 使いやすい

お弁当は毎日のことですから、コンパクトに持ち運びやすく、洗いやすく、匂いや色が移りづらい機能素材のものがオススメです。また、しっかりとしたパッキンがついていて汁もれしないものを選びましょう。

4 美味しく食べられる

果物の汁がごはんにかかるなど、味移りがあると食欲がちょっと減退してしまうもの。美味しく食べるために詰めやすさは大切な要素です。また保温・保冷ができるタイプは出来たての美味しさを長持ちさせてくれます。

こんなお弁当箱がオススメ

食トレ中の球児は、理想的なお弁当箱の4条件をクリアしたお弁当箱を選びましょう。編集部のオススメはサーモスのお弁当箱。なかでも、部活弁当に最適な「フレッシュランチボックス」と「ステンレスランチジャー」に注目です！

サーモス フレッシュランチボックス DJF-1800

1.8L、2,000kcalとることができる、部活生のために考え抜かれたランチボックス。950mlの容器大が1つと420mlの容器小が2つあり、シンプルに詰めるだけで栄養バランスが自然と整うようになっています。

Point1 保冷剤が入れられるポケット付きで安心。

Point2 容器を1つ抜いて補食を入れるなど活用できる。

サーモス ステンレスランチジャー JBG-2000

保温・保冷ができる大容量のランチジャー。おかず用、ごはん用、スープ用の3つの容器に分けられていて、傷みやすいおかずは常温で、ごはんとスープは温かく食べられます。料理上手のママに人気です。

Point1 内容器は電子レンジ＆食洗機にも対応可能。

Point2 保冷もできるから、夏場は冷たい麺類が楽しめる。

Point3 スープ容器にはカレーのルウなどを入れてもOK。

CHAPTER 7
栄養バランスの調整役
汁物

身体を温め、心をホッとさせてくれる汁物は、栄養バランスの調整役。献立を見返して、ちょっと不足しているなと思うものを汁物に入れることで、無理なく自然に補うことができます。煮込むことで、野菜の量をとりやすくなるところも魅力的。お弁当にも積極的に取り入れましょう。

※ 栄養分布は、1食に必要な栄養の量を5目盛りに設定しています。5大栄養素すべてが5目盛りを満たすよう、献立を組みましょう
※ 該当メニューが「インシーズン」「オフシーズン」「試合日の夕食」のうちどの時期に向いているのか表しています
※ 該当メニューの栄養面で期待できる効果を「持久力UP」「瞬発力UP」「筋力UP」「集中力UP」の4種類で表しています。効果の程度は3段階あり、「とても効果あり」は濃い色で、「やや効果あり」は薄い色、「効果が薄い」はグレーで表しています

具だくさんみそ汁

"ちょっと野菜不足かな"という日は、いつものみそ汁に残り野菜を入れて栄養補給。
根菜のみそ汁なら身体を温めたい冬に最適。

持久力UP　瞬発力UP　筋力UP　集中力UP

75kcal

材料（1人分）

大根	50g
にんじん	1/4本
里芋	1個
長ねぎ	3cm
だし汁	200ml
みそ	10g

つくり方

1. 大根、にんじん、里芋は5mm厚さのいちょう切りにしておく
2. 鍋にだし汁と1を入れて火にかけ、具材が柔らかくなったらみそを溶きながら加える
3. ひと煮立ちしたら火を止め、お椀によそい、小口切りにした長ねぎを散らす

炭水化物　たんぱく質　脂質　ビタミン　ミネラル

風邪のひき始めには、みそ汁にすりおろした生姜を入れるといい。

汁物

サンラータン

お酢のパワーで、疲労回復＆食欲増進が期待できるサンラータン。
夏場の練習など身体が疲れ切っているときは胃袋からリフレッシュしよう。

持久力UP　瞬発力UP　筋力UP　集中力UP

94kcal

材料（1人分）

卵	1/2個
キャベツ	80g
干ししいたけ	1枚
水	200ml
鶏がらスープの素	大さじ1/4
A	
しょうゆ	大さじ1/4
オイスターソース	大さじ1/4
酢	大さじ1
ラー油	小さじ1/4
片栗粉	小さじ1/2

つくり方

1. キャベツはざく切り、干ししいたけは分量の水で戻してから薄切りにする

2. 鍋にしいたけの戻し汁と鶏がらスープの素を入れて沸騰させ、1を入れ、柔らかくなったらAを入れる。味見をして薄いようなら塩（分量外）を足す

3. 水溶き片栗粉でとろみをつけ、再び煮立ったら、溶き卵を回し入れる。火を止めてからラー油を入れてひと混ぜする
※豚ひき肉やえびなどを入れても美味しい

炭水化物　たんぱく質　脂質　ビタミン　ミネラル

 お酢は、独特の匂いと味で唾液や胃液の分泌を促す効果がある。食欲がないときはお酢を積極的に活用しよう。

豆腐とキャベツの生姜レモンスープ

生姜とレモンの滋養あふれるやさしい味で、内臓から身体の調子を整えてくれる。季節の変わり目など体調を崩しやすいときにオススメのスープ。

持久力UP　瞬発力UP　筋力UP　集中力UP

62kcal

材料（1人分）

絹ごし豆腐	1/4丁
キャベツ	1枚
生姜	1/2片
水	200ml
鶏がらスープの素	小さじ1
塩・こしょう	少々
レモン果汁	小さじ1

つくり方

1. キャベツは細切り、生姜は皮をむいて千切り、絹ごし豆腐はひと口大に切る
2. 鍋に水と鶏がらスープの素を入れ、キャベツと生姜を煮る
3. 野菜に火が通ったら、豆腐を加えて、塩・こしょうで味を調え、レモン果汁を入れて火を止める

炭水化物　たんぱく質　脂質　ビタミン　ミネラル

生姜に含まれるマンガンの量は、野菜のなかでもトップクラス。新陳代謝を高め、抗酸化作用を促進してくれる。

汁物

カキとほうれん草のチャウダー

シチューのルウを使ったお手軽チャウダーは忙しいママの味方。
"海の完全食品"と呼ばれるカキの栄養と旨味が口いっぱいに広がる。

インシーズン / オフシーズン / 試合日の夕食

 持久力UP　 瞬発力UP　 筋力UP　 集中力UP

282kcal

材料（1人分）

カキ	3個	水	150ml
ベーコン	10g	牛乳	50ml
ほうれん草	1.5株	シチュールウ	1皿分
玉ねぎ	1/4個	白ワイン	小さじ2
にんじん	1/8本	植物油	小さじ1
じゃがいも	大1/4個	塩・こしょう	少々

つくり方

1. カキをよく洗い、水気を切って白ワイン（または酒）を振りかけて、さっと蒸し煮にする。蒸し汁はとっておく

2. ほうれん草はゆでて、2～3cm長さに切る。そのほかの食材は1cm角に切る

3. 鍋に植物油を熱して、ベーコン、玉ねぎ、にんじん、じゃがいもを焦がさないように炒める。水を加え、沸騰したらアクを取り、野菜が柔らかくなるまで煮る

4. いったん火を止めてシチュールウを溶かし、カキ、ほうれん草、牛乳、カキの蒸し汁を加えて、弱火で約5分煮込む。塩・こしょうで味を調える

炭水化物　たんぱく質　脂質　ビタミン　ミネラル

 カキは低脂肪・高たんぱくで栄養満点。特に、新陳代謝を高めて精力増強の効果がある亜鉛の含有量は全食品のなかでNo.1。

EPILOGUE
おわりに

　まず初めに、今回このような高校球児を対象とした実践的な食事トレーニングに対する出版物が発行されることを心からうれしく思います。

　高校球児との出会いは、第70回選抜大会の年ですから、ちょうど20年前。「病気予防の実践と啓蒙」を企業理念に掲げてわたしが24歳で起業してから、18年が経過した頃です。

　縁あって、現さいたま市にある（いまでは甲子園の常連高校）U学院の野球部と知り合う機会があったのですが、野球部員のケガ人の多さに驚きました。何しろ、部員の約3分の1がケガで病院通いしているという事態だったのです。

　指導者とともに原因を究明したところ、最終成長期である高校球児に対する栄養が著しく不足していることが判明。そこで、保護者も交えた実践型スポーツ栄養セミナーを年2〜3回開催するようになりました。すると、部員たちが持ってくる弁当の量と質が大幅に変わっていったのです。

　その甲斐あってか、ケガ人は減り、U学院の快進撃が始まります。10年間で11回甲子園出場という偉業を成し遂げられました。この実績が全国に知れ渡り、今では全国130数校の高校硬式野球部が、わたくしどもと一緒に食トレに取り組んでいます。

　高校球児と歩んできた20年間を振り返るといろんな選手がいましたが、栄養の大切さを痛感させられたという意味で忘れられない選手がいます。

　彼との出会いは今から14年前、彼が高校2年生の頃です。夏の県大会で初めて140km/h以上の直球を投げた際、肩が「ピキッ」と鳴り、負傷してしまいました。さまざまな病院で診察を受けましたが、どこも手術を勧めます。しかし、2年の夏に手術するとなると、彼の夢である甲子園出場もプロ野球選手になることも遠ざかってしまうという状況でした。チームにとってもエースピッチャーが投げられないとなると大きな痛手となります。藁にもすがる想い

で、仲介者を通して、弊社のトレーニング&治療施設にやってきました。

　彼が初めてやってきたのは、夏休みに入った8月5日。そのときの彼は、身長184cm、体重68kgのガリガリでした。肩を保護する筋肉もほとんどなく、ケガをするのは当たり前と感じました。

　持参してもらった食事記録帳を分析してみると、さらにびっくり！　なんと高校球児に必要な5大栄養素すべてが30％しか充足していなかったのです。そこで、夏休み中、彼を預かることにし、翌日から肉体改造（食事・トレーニング・ケガの治療）を行いました。

　最初の頃は、目の前に出された食事量に圧倒され、数時間かけて食べていたそうですが、1週間を経過した頃から、1時間以内に完食できるようになっていきました。その結果、彼の体型は日に日に大きく変化し、2週間を経過した頃にはキャッチボールや遠投ができるまでに回復していきました。

　夏休みを弊社の合宿所で過ごし、2学期に故郷に戻るとすぐに野球を再開。彼の見事な活躍によって、秋の県大会優勝、地区大会でも準優勝に輝き、春の選抜甲子園に出場しました。その年の夏の選手権で甲子園出場の切符を手にした彼は、甲子園で151km/hをマーク一躍時の人となります。そして、ドラフト1位で念願のプロ野球選手になったのです。ちなみに彼は、いまでも食事バランスには人一倍注意をし、現在も現役で活躍しています。

　彼の場合は、縁あって食の重要性を理解し、ケガから見事回復することができましたが、高校球児のなかにはやみくもに米だけを食べるようなバランスの悪い食トレで将来を棒に振っている選手もたくさん見受けられます。

　この本がそのような選手を1人でも少なくし、多くの球児の夢実現に向け役立つものになるよう切に願います。

株式会社コーケン・メディケア 理事長・院長　南 雅之

効果で選ぶ
食トレレシピINDEX

❤️ 持久力UPするレシピ

枝豆と明太子のまぜごはん	P46
アジのちらし寿司	P48
トウモロコシと枝豆ごはん	P50
あさりと筍の炊き込みごはん	P52
照り焼きレバーハンバーグ	P60
ひじき入り鶏つくね	P66
レバーと野菜のみそ炒め	P68
鶏肉とさつま芋の甘酢あんかけ	P70
具だくさんみそ汁	P118

👟 瞬発力UPするレシピ

カルシウムUPカレー	P24
アスリート用ビビンバ	P26
焼肉のちらし寿司	P28
スーパージャージャー麺	P30
さんまのカレーピラフ	P32
かつおのピリ辛丼	P34
ガパオライス	P38

アジのちらし寿司	P48
照り焼きレバーハンバーグ	P60
里芋ときのこのクリーミーコロッケ	P62
チキン南蛮	P64
ひじき入り鶏つくね	P66
牛肉とセロリのオイスターソース炒め	P74
カジキのごまみそマヨネーズ焼き	P84
海鮮トマト鍋	P88
いわしのピザ	P96
そぼろ納豆	P107
納豆のかき揚げ	P107
わかめとキウイのサラダ	P109
海藻のおにぎり	P109
きのこのマリネカレー風味	P113
きのこの炒め煮	P113
サンラータン	P119
豆腐とキャベツの生姜レモンスープ	P120

💪 筋力UPするレシピ

カルシウムUPカレー	P24
アスリート用ビビンバ	P26
焼肉のちらし寿司	P28
さんまのカレーピラフ	P32
かつおのピリ辛丼	P34
ガパオライス	P38
照り焼きレバーハンバーグ	P60
チキン南蛮	P64
レバーと野菜のみそ炒め	P68
豚キムチ餃子	P72
牛肉とセロリのオイスターソース炒め	P74
さばのカレー焼き	P82
カジキのごまみそマヨネーズ焼き	P84
鮭と長芋のグラタン	P86
海鮮トマト鍋	P88
さわらのムニエルと野菜のソテー	P90
うなぎとごぼうの卵とじ	P92
アジのエスカベシュ	P94

トマトのチーズ焼き	P105
カプレーゼ	P105
卵あん	P111
巣ごもり卵	P111
カキとほうれん草のチャウダー	P121

🎯 集中力UPするレシピ

アスリート用ビビンバ	P26
チャーシュー丼	P36
枝豆と明太子のまぜごはん	P46
鮭と長芋のグラタン	P86
いわしのピザ	P96
ブロッコリーと卵のサラダ	P103
ブロッコリーのチーズ焼き	P103
そぼろ納豆	P107
納豆のかき揚げ	P107
カキとほうれん草のチャウダー	P121

シーズンで選ぶ
食トレレシピINDEX

インシーズンに食べたいレシピ

カルシウムUPカレー	P24
アスリート用ビビンバ	P26
焼肉のちらし寿司	P28
スーパージャージャー麺	P30
さんまのカレーピラフ	P32
かつおのピリ辛丼	P34
チャーシュー丼	P36
ガパオライス	P38
枝豆と明太子のまぜごはん	P46
アジのちらし寿司	P48
トウモロコシと枝豆ごはん	P50
あさりと筍の炊き込みごはん	P52
照り焼きレバーハンバーグ	P60
里芋ときのこのクリーミーコロッケ	P62
チキン南蛮	P64
ひじき入り鶏つくね	P66
レバーと野菜のみそ炒め	P68
鶏肉とさつま芋の甘酢あんかけ	P70
豚キムチ餃子	P72

牛肉とセロリのオイスターソース炒め	P74
さばのカレー焼き	P82
カジキのごまみそマヨネーズ焼き	P84
鮭と長芋のグラタン	P86
海鮮トマト鍋	P88
さわらのムニエルと野菜のソテー	P90
うなぎとごぼうの卵とじ	P92
アジのエスカベシュ	P94
いわしのピザ	P96
ブロッコリーと卵のサラダ	P103
ブロッコリーのチーズ焼き	P103
トマトのチーズ焼き	P105
カプレーゼ	P105
そぼろ納豆	P107
納豆のかき揚げ	P107
わかめとキウイのサラダ	P109
海藻のおにぎり	P109
卵あん	P111
巣ごもり卵	P111

きのこのマリネカレー風味	P113
きのこの炒め煮	P113
具だくさんみそ汁	P118
サンラータン	P119
豆腐とキャベツの生姜レモンスープ	P120
カキとほうれん草のチャウダー	P121

オフシーズンに食べたいレシピ

カルシウムUPカレー	P24
枝豆と明太子のまぜごはん	P46
トウモロコシと枝豆ごはん	P50
あさりと筍の炊き込みごはん	P52
里芋ときのこのクリーミーコロッケ	P62
チキン南蛮	P64
牛肉とセロリのオイスターソース炒め	P74
カジキのごまみそマヨネーズ焼き	P84
いわしのピザ	P96
ブロッコリーと卵のサラダ	P103
ブロッコリーのチーズ焼き	P103

納豆のかき揚げ	P107
きのこの炒め煮	P113
具だくさんみそ汁	P118
カキとほうれん草のチャウダー	P121

試合日の夕食に食べたいレシピ

焼肉のちらし寿司	P28
チャーシュー丼	P36
アジのちらし寿司	P48
照り焼きレバーハンバーグ	P60
レバーと野菜のみそ炒め	P68
豚キムチ餃子	P72
うなぎとごぼうの卵とじ	P92
アジのエスカベシュ	P94
そぼろ納豆	P107
わかめとキウイのサラダ	P109
きのこのマリネカレー風味	P113
サンラータン	P119

制作	タイムリー編集部(株式会社 SEAGlobal) https://timely-web.jp/
監修	株式会社コーケン・メディケア http://www.koken-medicare.com/
編集	高橋美由紀
ライティング	江原裕子、児島由亮、京崎美希
装丁・本文デザイン	保多琢也(Vamos Inc.)、鉢呂絵里
イラスト	森翔悟
撮影	小沢朋範、江藤徹
写真協力	寺中一桂、廣瀬久哉、花田裕次郎、竹藤光市、高場昭彦、河合信也
調理・スタイリング	名井智子、広部美鈴
栄養監修	熊倉明子(日本栄養分析センター)

勝ち抜く身体をつくる
球児メシ
(かぬからだ)
(きゅうじ)

2018年3月20日　初版第1刷発行
2021年11月20日　　　　第3刷発行

制作	タイムリー編集部
発行者	田邉浩司
発行所	株式会社　光文社
	〒112-8011　東京都文京区音羽1-16-6
	電話　編集部 03-5395-8172　書籍販売部 03-5395-8116　業務部 03-5395-8125
	メール　non@kobunsha.com
	落丁本・乱丁本は業務部へご連絡くだされば、お取り替えいたします。
組版	近代美術
印刷所	近代美術
製本所	ナショナル製本

Ⓡ＜日本複製権センター委託出版物＞
本書の無断複写複製(コピー)は著作権法上での例外を除き禁じられています。本書をコピーされる場合は、そのつど事前に、日本複製権センター(☎03-6809-1281、e-mail:jrrc_info@jrrc.or.jp)の許諾を得てください。

本書の電子化は私的使用に限り、著作権法上認められています。ただし代行業者等の第三者による電子データ化及び電子書籍化は、いかなる場合も認められておりません。

©Timely 2018 Printed in Japan
ISBN978-4-334-97990-4